당신의 커리어를 무한대로 올려 줄

면접의 정석

The Essence of Interview

김애영 저

2022 한국을 이끄는 혁신리더,
2021 NCS 면접카드 크라우드 펀딩 569% 달성,
〈스마트 면접〉 특허출원 저자의
34가지 세부역량 필승 전략서!

B (주)백산출판사

왜 역량중심 면접에 관심을 가져야 하는가?

단군 이래 최고의 스펙이라는 평가에도 불구하고 청년들에게 취업의 문은 좁아 보입니다. 기업의 성장 속도가 과거에 비해 둔화되고 각종 사회적인 문제들로 인해 기업들은 해마다 채용 인원을 줄이고 있습니다. 최근에는 코로나 사태까지 더해지며, 상위 500대 기업들은 신입사원 채용 계획을 연기하거나 취소하기도 하였습니다. 대기업의 사정도 크게 다르지 않습니다. 국내 10대 대기업 인사담당자들을 대상으로 인터뷰한 결과 2022년 신입사원 공개채용을 진행한다고 답변한 곳은 33%밖에 되지 않았습니다.

대신, 경력직 채용이나 수시채용은 증가하는 추세입니다. 신입직원을 채용하여 빠르게 변화하는 흐름을 따라잡을 수 없기 때문에 경력직을 선호하게 되었고, 성장하는 부서별 필요인력을 빠르게 충원하기 위해 수시채용이 증가하게 된 것입니다. 이러한 경력직, 수시채용은 공채에 비해 비용부담은 줄이면서도 그 효과성이 입증되어, 지속적으로 증가할 것으로 예상됩니다.

"공채의 종말, 경력/수시 채용은 거스를 수 없는 대세"

과거 고도 성장기에는 특정 업무를 잘 몰라도 일단 똑똑한 사람을 뽑고 가르쳐서 쓴다는 인식이 지배적이었습니다. 이른바 '범용적 인재'

채용 방식이 주를 이뤘습니다. 하지만 지금의 채용 방식은 180도 바뀌었습니다. 4차 산업과 같이 빠르게 변하는 경영환경에서 기업들은 즉시 성과를 낼 수 있는 인재를 원하고 있습니다. 가르쳐서 쓴다가 아닌, 소위 준비된 인재를 원하고 있습니다. 직무에 적합한 Right people을 뽑는 '직무형 인재' 채용 방식이 중심이 되었습니다.

이런 채용 트렌드의 변화에 따라 신입직원 채용에도 커다란 변화가 생겼습니다. 과거에는 지원자의 스펙과 과거 경험에 대한 평가가 당락을 좌우하는 캐스팅 보트였다면, 지금은 지원자의 미래 가능성에 초점을 맞춰서 직무역량 중심으로 평가의 초점이 옮겨갔습니다.

취업포털 〈사람인〉에서 진행한 '면접 당락 결정'에 대한 설문조사 결과에 따르면, 조사에 응한 인사담당자 512명 중 48.4%가 직무적합 여부를 가장 중요하게 평가한다고 답변하였습니다. 기타 16%의 응답자가 도덕성, 성실함 등의 인성을, 10.6%의 응답자가 조직적응력, 소통 등 사회성을 평가하는 것으로 나타났습니다. 인성/태도 중심 면접평가에서 직무역량 중심 면접평가로 전환된 것의 단면을 잘 보여주는 결과라고 생각합니다.

채용 트렌드는 회사에서 요구하는 직무역량을 중심으로 성과를 낼 수 있는 사람인지를 평가하는 방식으로 변화하고 있습니다. 취업 준비생이라면, 이런 변화의 흐름을 읽고 대비해야 좋은 결과를 얻을 수 있습니다. '어느 기업에 지원할 것인가'보다 '어느 분야에서 일할 것인가'의 관점에서 취업을 준비해야 합니다. 한 발 더 나아가 '어떻게 직무역량과 전문성을 기를 것인가?'라는 인식의 전환이 필요합니다.

이 책은 직무역량 중심 면접 평가에 대비할 수 있는 가장 효과적이고 효율적인 방법을 제시합니다. 물론 면접에서 평가하는 능력이 직무역량의 전부는 아닙니다. 하지만 인사담당자들이 가장 중요하게 생각하는 능력임은 분명하며, 저 또한 논의의 초점을 명확히 하기 위하여 책의 주된 내용을 직무역량을 중심으로 구성하였습니다.

[그림 1] 면접에서의 우선순위

이미 시중에는 직무역량 면접 평가에 대비할 수 있는 책들이 많이 나와 있지만, 이 책의 특장점은 3가지로 요약할 수 있습니다.

첫째, 다양한 기출문제를 중심으로 신뢰도를 확보하였습니다.
둘째, 실질적인 답변을 중심으로 명확한 How to를 제시합니다.
셋째, 혼자서 공부할 수 있도록 다양한 예시와 설명이 함께합니다.

물론 이 책 한 권으로 모든 기업과 기관의 면접에 대비할 수는 없습니다. 하지만 이 책에 담긴 많은 기출문제를 분석하여 직무역량을 이해하다 보면, 면접의 핵심과 본질에 대해 깨닫게 되고 스스로 역량을 키울 수 있는 길이 만들어질 것입니다.

이제 막 취업을 준비하시는 분들, 취업이나 이직 면접에 어려움을 겪고 계신 분들, 취업 N수생이신 분들에게 이 책의 내용들이 특별하고 비범한 무기가 되어, 취업에 이르는 시간을 단축하는 데 도움이 되길 바랍니다.

취업의 가능성을 무한대(N)로

김 애 영 저자

차례

PART

04 합격하는 면접은 어떻게 말하는 것인가? ·················· 59

누구를 채용할 것인가?

1. 스펙에서 능력, 이제는 역량이다

한국 사회가 급성장하는 시기가 있었습니다. 기업은 성장 속도에 맞춰 많은 인재가 필요했고, 한꺼번에 많은 사람을 채용하고는 했습니다. 효과보다 효율이 우선이었고, 자연스레 서류 중심의 평가가 이루어졌습니다.

서류 전형의 핵심은 이른바 스펙이었습니다. 출신학교, 출신지역, 해외연수, 자격증, 영어 점수 등이 중요한 평가 기준이었습니다. 하지만 막상 뽑아 놓고 일을 시켜 보니 스펙만 좋은 인재라는 부정적인 평가도 많았습니다. 사회적으로는 스펙 중심의 채용 교육 시장이 형성되었고, 스펙을 키워주는 학원가 성행 등의 부작용이 이어지기도 했습니다.

이런 부작용에 대응하기 위해 정부에서는 지난 2002년 국가직무능력표준(이하 NCS)를 개발하게 되었습니다. 무분별한 스펙 쌓기 경쟁보다는 실질적으로 기업에서 요구하는 지식과 기술, 태도를 반영한 직무 표준을 개발한 것입니다. 이런 정부의 흐름에 발맞추어 공무원, 공기업, 금융권, 정부산하기관 등에서 NCS를 도입하고 활용하면서 채용 트렌드는 점진적으로 스펙 중심에서 능력 중심으로 변화하게 되었습니다.

- 2002년 국가직업(직무)능력표준 개발
- 2004년 일부 공공기관 나이 학력 제한 폐지
- 2005년 공무원 서류전형 학력 폐지
- 2007년 법제화, 고시
  전 공공기관 성별, 학력, 연령 제한 폐지

- 2017.7.15 블라인드 채용 발표
  전체 공공기관 및 지방공기업 이행

- 2018 AI 평가도입

스펙 중심		능력 중심		역량 중심
2000년 이전	2010년대	2015년대	2017년대	2020년대
• 스펙 중심 채용 • 공채 활성화		• 2014년 블라인드 채용법 도입 • 2015년 NCS 활용 · 확산 추진 • NCS기반 시험 채용 • 직무중심 채용		• 2019.7.17 채용절차법 개정 • 2020 언택트 채용 시행(코로나 영향) – 유튜브/메타버스/AI/라이브방송 등 • 경력 / 수시 채용 증가

[그림 2] 채용 패러다임의 변화

최근 들어, 채용 시장은 다시 한번 요동치고 있습니다. 기술의 발달 및 기타 환경적인 요소 등으로 블라인드 채용, AI채용, 비대면 채용 등이 도입되고 있습니다.

카카오는 2017년부터 블라인드 채용을 도입했고, 개발팀에 지원하는 이들은 모든 스펙을 지우고 이름, 이메일, 전화번호, 지원부서만을 서류에 기재하고 있습니다. 면접 과정에서 편향과 편견이 개입될 여지가 있어 인공지능(AI) 채용 솔루션을 도입해서 지원자의 역량을 평가하는 기업들도 점차 증가하고 있습니다.

그렇다면, 이런 채용 방식의 변화가 의미하는 것은 무엇일까요?

형식의 변화는 필연 내용의 변화를 수반하게 되어 있습니다. 채용 방식의 변화에서 읽을 수 있는 메시지는 분명해 보입니다. 이제 더 이상 기업들은 스펙이 짱짱하거나 능력이 출중한 인재를 원하고 있지 않다는 사실입니다. 업무 상황에서 실질적인 행동으로 성과를 만들어 내는 인재를 선호하고 있으며, 그런 인재를 찾기 위해 그 무엇보다 직무역량을 중시하고 있다는 것입니다. 바야흐로 역량 중심의 채용 시대가 열린 것입니다.

스펙	배경(학교, 학과, 자격증, 외모 등)
능력	업무를 수행하기 위한 지식, 스킬, 태도
역량	지원기업의 직무에서 높은 성과(지식, 스킬, 태도)를 내는 사람들의 공통적인 행동특성

대표적인 IT 기업 엔씨소프트의 경우, 스펙이나 능력보다 실무능력을 최우선으로 하고 있습니다. 채용 과정에 있어서도 인사팀이 아니라, 인력이 필요한 부서가 직접 나서서 채용을 주도하고 있습니다. 외국계 기업의 경우에도 학벌보다 직무에 초점을 맞춰 채용을 진행하며, 인턴, 계약직 경력뿐

아니라 아르바이트, 동아리, SNS 활동까지 직무 관련 경험과 경력을 중심으로 직무역량을 평가하고 있습니다. 경우에 따라 직무능력을 세밀하게 관찰하기 위해 회당 1시간에 이르는 면접을 3~5회 정도 실시하는 곳도 있다고 합니다.

과거 인성이나 능력 중심의 면접에서 면접관은 지원자의 인성, 태도, 성실함, 적극성 등 주관적인 항목을 직관적으로 평가했습니다. 한마디로 인상이 좋고 감이 좋으면 높은 평가를 했습니다. 하지만 역량중심의 면접 평가에서는 철저하게 면접관의 주관이 배제되게 됩니다. 면접장에는 오로지 평가 항목과 평가 지표만이 존재하게 됩니다. 직무지식, 직무 활용 스킬, 직무태도에 대한 평가 항목을 객관적인 점수로 평가하고 있습니다.

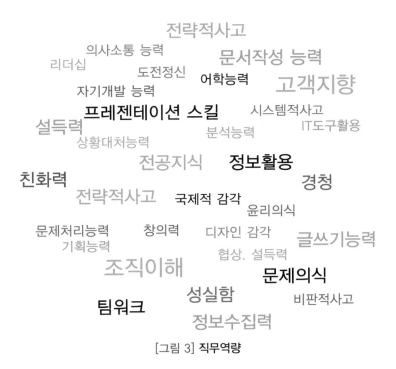

[그림 3] **직무역량**

직무역량에는 여러 가지가 있지만, 그 특징을 한마디로 일축하면 측정될 수 있다는 것입니다. 바꿔 말하면 점수화가 가능하다는 뜻이기도 합니다.

물론 실제 역량이 뛰어나면 높은 점수를 받겠지만, 역설적이게도 높은 점수를 받기 위한 방법 또한 공존한다는 사실입니다. 영어를 잘하지 못해도 토익 시험 문제의 출제유형을 알면 높은 점수를 받을 수 있는 것과 같은 이치라고 생각합니다. 연습하고 대비하면 충분히 역량 중심의 면접 평가에서 높은 점수를 받을 수 있습니다.

2. 스펙이 아니라 스킬(기술)이다

한번이라도 면접에 응시해 본 적이 있는 사람이라면 면접관에게 이런 질문을 받아본 경험이 있을 것입니다.

"학창시절에 리더십을 발휘한 적이 있나요?"

이런 질문에 혹시 '동아리 회장을 맡았습니다', '학창시절 반장을 한번도 놓친 적이 없습니다.'라고 답변한 적은 없었나요?

생각보다 면접관의 질문에 단순히 스펙을 나열하는 지원자가 많습니다. 성실함을 묻는 질문에 '저는 학창시절 1등을 놓친 적이 한번도 없습니다.', 기타 다른 질문에도 'OO자격증, OO수료, OO공모전입상' 등으로 단순히 스펙을 나열하는 실수를 저지르곤 합니다. 면접관은 지원자의 역량을 묻고 있는데, 지원자는 스펙을 말하고 있으니, 당연히 이런 지원자의 합격 가능성은 낮을 수밖에 없습니다.

면접관이 면접에서 평가하고 싶은 것은 지원자가 가지고 있는 스펙 그 자체가 아닙니다. 스펙을 활용할 수 있는 스킬(기술)과 이를 해당 직무에 적용하여 성과를 낼 수 있는지를 확인하고 싶어합니다. 스펙은 지원 직무에 대한 기초 지식일 뿐입니다. 가지고 있는 스펙을 활용할 스킬(기술)과 향후 가능성(성과)이 더 중요합니다. 스펙을 나열하듯 말하기보다, 역량을 중심으로 답변해야 좋은 결과를 얻을 수 있습니다.

예를 들어 외국어 역량을 보여주고 싶다면, 토익 700점, OPIC Al의 스펙을 나열하기보다는 토익 700점을 획득한 후, 외국인과 '위드 코로나 도입' 찬반에 대해 speaking을 10분 이상 할 수 있고, 이를 10분 이내에 1,000자 이상 writing할 수 있다고 어필하는 것이 더 좋은 방법입니다. 단순한 결과물에 대한 스펙을 나열하기보다는 스펙을 활용하고, 응용하는 경험적 사례를 답변해야 합니다. 나아가 그 능력을 이용해서 직무에 어떻게 활용하고 성과를 낼 수 있는지까지 연결시켜 답변해야 합니다.

스펙 Spec	VS	스킬 Skill
유형, 보여지는		무형, 보여지지 않는
증빙		증명
1) 학벌		1) 프레젠테이션 스킬
2) 학점		2) 경청 스킬
3) 외국어점수		3) 대인관계능력
4) 어학연수		4) 문제해결능력
5) 자격증		5) 문서작성능력
6) 공모전		6) 정보활용능력
7) 인턴경력		7) 논리력
8) 사회봉사		8) 설득력
9) 외모(사진)		9) 창의력 등등

3. 방식은 변해도 변하지 않는 본질이 있다

면접 관련 강의를 할 때, 취업지원자들에게 꼭 묻는 질문이 하나 있습니다.

"채용의 핵심이 무엇이라고 생각하십니까?"

갑작스러운 질문 앞에 교육생들은 마치 길을 가다가 '도를 아십니까'라는 질문을 받은 것처럼 당황합니다. 한번도 생각해 본 적이 없는 '본질'에 관한 질문이기 때문입니다. 어리둥절한 교육생들을 위해 이번에는 좀 더 쉬운 질문으로 바꿔봅니다.

"기업이나 기관마다 가지고 있는 채용 기준과 다양한 평가 방법은 논외로 하고, 딱 한 줄로 좋은 채용의 기준을 정의한다면 뭐라고 할 수 있을까요?"

"스펙이요"
"인성이요"
"역량이요"

등등 각기 다른 답변이 쏟아집니다. 물론 틀린 대답은 아니지만, 그 어떤 답변도 채용의 본질을 파고들지는 못합니다. 이제 제가 답을 줄 차례입니다.

"좋은 사람이 들어와서, 회사에 잘 적응하고, 일을 잘할 수 있는 사람"

위 문장에서 핵심 키워드는 좋은, 적응, 일 세 가지입니다. 좋은 사람은 인성에 관한 부분이며, 적응은 조직 적합에 관한 내용이고, 마지막으로 일은 직무 이해도라고 할 수 있습니다. 결국 모든 조건과 형식을 배제하고 남는 3가지 핵심 능력이라고 할 수 있으며, 채용의 본질을 관통하는 단어라고 할 수 있습니다. 각각의 순서는 기업에서 중요하게 생각하는 우선 순위를 의미하기도 합니다.

> **인성** : 함께 일하는 데 문제 없는 사람인 거지?
> **조직적합도** : 열심히~, 함께~, 오래~ 일할 거지?
> **직무이해도** : 주어진 일, 잘할 수 있지?

[그림 4] 채용의 본질

앞서 설명드린 바와 같이, AI면접, 블라인드 채용, 상황면접, 집단면접, PT면접, 구조화면접 등등 면접의 종류는 다양해지고, 그 방식 또한 점점 진화하고 있습니다. 면접 질문도 까다롭고 새로운 유형의 질문들이 계속해서 등장하고 있습니다. 당연히 지원자에게 가중되는 부담이나 어려움도 커지고 있습니다. 개인적으로 대비하기도 하며, 때론 외부 전문가의 손길에 의지하며 저마다의 취업고시를 준비하고 있습니다.

하지만 본질을 이해하고 면접을 준비한다면 그 어려움은 조금 덜하지 않을까 생각해 봅니다. 형식을 쫓으면 복잡하고 어렵지만, 핵심을 알면 방법이 좀 더 명확하게 보이기 때문입니다. 질문이 다양해지고, 어려워지고, 면접 방법이 다변화될수록 본질을 가리기 쉽습니다. 하지만 명심하시기 바랍니다. 기업이 추구하는 인재상은 다르고, 인재를 선발하는 방식 또한 다르지만, 변하지 않는 본질은 결국 세 가지입니다.

채용의 핵심이자 변하지 않는 본질 = 인성, 조직적합도, 직무이해

어떻게 선발하는가?

PART

'02

1. 면접 유형 및 준비방법

이번 장에서는 기업과 기관에서 진행하는 다양한 면접 유형을 알아보고 유형별 대응 방법을 알아보도록 하겠습니다. 먼저 면접 유형을 인원, 주제, 방법이라는 기준에 따라 크게 3가지로 구분해 봤습니다.

[그림 5] 면접 유형의 기준

인원에 따른 면접 유형

인원에 따른 면접 유형은 2가지 방식으로 구분할 수 있습니다. 면접에 응하는 지원자가 1명인지 혹은 다수인지에 따라 개별면접과 집단면접으로 구분합니다.

개별면접의 경우, 1명의 지원자가 면접관의 질문에 질의 응답하는 방식입니다. 전체 면접시간이 많이 소요되는 방식이지만, 지원자의 인성과 역량, 조직적합도 등을 세밀하게 관찰하고 평가할 수 있습니다. 소수의 인원을 선발하거나 수시전형, 경력직 면접, 임원면접 등에서 많이 활용되는 유형입니다.

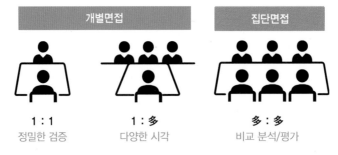

[그림 6] 인원에 따른 면접 유형

　개별면접은 다시 2가지로 구분할 수 있습니다. 먼저, 면접관의 수가 1명인 일대일 면접은 최종면접이나 경력직면접에 주로 활용되는 방식으로 지원자의 역량 및 인성을 세부적으로 관찰하고 평가합니다. 면접관의 수가 다수인 일대다 면접은 다수의 면접관이 다양한 시각으로 지원자를 다각적으로 평가하는 방법입니다. 최근 수시채용, 경력직채용 등에서 선호되는 유형입니다.

　일대다 면접의 경우, 다수의 면접관에게 집중적인 질문 세례를 받기 때문에 압박감과 긴장이 배가 됩니다. 많은 지식과 사전 경험이 있더라도 미처 준비가 안 된 상태에서 질문을 받으면 당황할 수 있습니다. 평소에 침착하게 대응하고 논리적으로 말하는 연습이 필요합니다.

　집단면접의 경우, 다수의 면접관이 다수의 지원자와 질의 응답을 진행하며 평가하는 면접 방식입니다. 지원자들을 동시에 비교 관찰할 수 있고, 경쟁 의식을 극대화시켜 다양한 답변을 이끌어낼 수 있기에 기업에서 선호하는 방식입니다.

　다대다 면접의 경우 개별면접과 다르게 지원자에게 주어지는 답변 기회가 많지 않습니다. 자신에게 질문이 왔을 때 간결하면서도 자신 있게 차별화된 자신만의 강점을 제대로 보여줘야 합니다. 핵심이나 결론을 먼저 말하고, 그렇게 생각하는 이유와 근거를 뒷받침하는 순서가 논리적으로 유리합니다. 또한, 너무 길지 않게 1분 이내로 간결하게 답변하는 것이 핵심입니다.

다대다 면접에서는 답변 기술 못지않게 경청 스킬이 중요합니다. 다른 지원자들이 답변을 할 때 자신의 답변을 준비하느라 신경 쓰지 않거나 기타 다른 행동을 하는 경우, 소통능력이 부족하거나 다른 사람을 존중하는 능력이 결여되어 있다고 오해를 받을 수 있으니 주의해야 합니다.

주제별 면접 유형

면접 주제에 따른 면접 유형은 인성면접과 역량면접으로 구분할 수 있습니다. 먼저, 인성면접은 지원자의 가치와 태도를 평가하는 면접으로 주로 회사가 요구하는 인재상 및 지원한 직무에 가장 적합한 이유를 확인하는 경우가 많습니다. 회사가 요구하는 인재상을 확인하고, 자신이 직무에 가장 적합한 이유를 생각해 보고 임해야 합니다. 답변을 할 때에는 본인 역량 및 과거의 성공 사례 등을 바탕으로 진정성 있게 답변하는 것이 중요합니다.

이때, 모든 질문에 솔직하게 답변하는 것이 기본 원칙이지만 상황에 따라 통하는 것과 그렇지 않은 것을 구분해야 합니다. 솔직함과 진정성은 결이 다른 문제로, 경우에 따라 지나친 솔직함은 독이 될 수 있습니다. 영업팀에 지원하면서 평소 낯을 많이 가린다거나 부끄러움을 많이 탄다는 답변은 좋은 평가를 받기 힘듭니다. 사람을 대할 때 진지하게 대한다, 꼼꼼하게 사람을 보고 판단한다는 답변이 더 좋습니다. 솔직함을 기조로 진정성을 갖춰서 면접관의 질문 의도에 맞게 긍정적인 어투로 답변하는 것이 인성면접의 핵심입니다.

역량면접에서 면접관들은 지원자의 과거경험에서 직무관련 경험을 수집하여 해당 직무에 적합한 지원자인지를 평가합니다. 지원자는 스펙형 인재가 아닌 실무형 인재임을 강조하며 직무 관련 경험을 어필해야 합니다. 면접에 임하기 전에 철저하게 산업환경, 경쟁환경, 기업 분석, 직무 분석 등을 진행하고, 해당 직무에 대해 강조해야 할 역량을 파악하고, 개발해 두어야 합니다. 특히 자신이 이력서에 기재한 경험들이 해당 기업의 직무와 어떤 관련성이 있는지를 연계해서 파악하고 있어야 합니다. 나아가, 본인이 기업의 직무 담당자라면 어떤 질문을 할까 예측해 보고, 다양한 질문에 대비하는 것이 중요합니다.

"인성면접은 진정성 있게 준비하고,
역량면접은 상대방 입장에서 생각하고 대비하자"

방법에 따른 면접 유형

면접 방법에 따른 유형은 일반면접, 토론면접, PT면접, AI면접이 있습니다. 물론 이외에도 다양한 방법이 존재하지만 가장 보편적으로 통용되는 4가지 방법이라고 할 수 있습니다.

[그림 7] 방법에 따른 면접 유형

4가지 방법에는 각각 면접관이 중점적으로 확인하고자 하는 평가 포인트가 있습니다. 일반면접은 인성과 직무역량, 토론면접은 상호관계, PT면접은 직무역량, AI면접은 적합도가 핵심입니다. 각각의 면접 방식에 대한 특징과 대비 방법에 대해서는 다음장에서 자세히 이야기해 보겠습니다.

2. 인성과 직무역량을 평가하는 일반면접

회사는 왜 일반면접을 보는가?

우리가 흔히 알고 있는 일반면접은 대규모 채용에서 많이 활용되는 방법으로 지원자가 작성한 서류 내용의 진위여부를 확인하는 절차입니다. 선발에 목적이 있기보다는 선발해서는 안 될 사람을 거르는 것이 좀 더 중요한 목적입니다.

회사는 왜 일반면접을 보는가?

☑ 효율적이며, 객관적이다.　➡　대규모 지원에 효과적이다.
　　　　　　　　　　　　　　　　비교평가를 통한 객관적 평가

☑ 진위여부를 확인하기 위해서이다.　➡　서류평가의 진실성을 확인한다

☑ 뽑지 말아야 하는 사람을 거른다.　➡　허수 지원자
　　　　　　　　　　　　　　　　　　역량이 부족한 사람
　　　　　　　　　　　　　　　　　　이기적거나 고집불통인 사람
　　　　　　　　　　　　　　　　　　입사 후 곧 나갈 사람
　　　　　　　　　　　　　　　　　　조직의 분위기를 흐리는 사람

☑ 적합한 인재 선발　➡　직무적합
　　　　　　　　　　　　조직적합
　　　　　　　　　　　　인성적합

[그림 8] 일반면접 실시이유

면접관 질의응답을 통해 진행되는 일반면접은 1차면접과 2차면접으로 구분됩니다. 1차면접은 서류전형을 통과한 지원자와 면접관이 처음으로 대면하는 자리로서 대면면접이라고도 합니다. 1차면접에서는 직장인이 갖추어야 할 기본적인 태도와 직무역량을 중점적으로 평가합니다. 좀 더 세밀한 평가를 위해 지원 직무의 실무자나 해당 분야 전문가가 배석하여 면접을 진행하는 경우가 많습니다.

따라서, 지원자는 단순히 면접태도, 표정, 제스처, 말투 등의 이미지 측면뿐만 아니라 직무지식과 기술 등을 충분히 어필할 수 있도록 내용적인 측면에서도 만반의 준비를 해야 합니다.

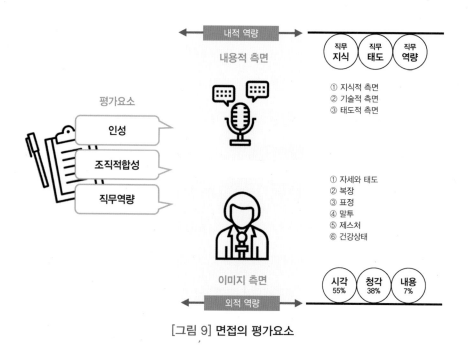

[그림 9] 면접의 평가요소

2차면접은 채용의 최종 관문으로 임원 및 대표이사가 면접관으로 참석하여 진행합니다. 보통 임원면접 또는 최종 면접이라고 하기도 합니다. 1차면접에서 기본적인 태도와 직무역량을 검증하였다면, 2차면접에서는 지원자의 가치가 조직에서 추구하는 가치에 부합하는지, 조직에 잘 적응할 수 있는지를 중점적으로 평가합니다. 지원자는 조직적응력과 열정, 비전 등을 강조하는 것이 중요합니다. 또한 임원급 인사들의 특징은 길고 장황하게 말하거나 현실성 없는 이야기를 좋아하지 않는다는 것입니다. 비현실적인 계획이나 포부 등을 장황하게 늘어놓는 태도는 지양하는 것이 좋습니다. 이 밖에도 임원면접에 대비할 수 있는 여러 가지 방법이 있지만, 한 가지 특별한 비법을 알려드리겠습니다. 위로 올라가고 직책이 무거워질수록 Why(이유나 명분)를 중요하게 생각하는 특징이 있습니다. '그렇게 생각하는 이유가 뭐죠?' '왜 지원했죠?' '그럼 경험은 왜 도움이 되죠?' 등으로 집요하게 Why를 파고드는 분들입니다. 면접에서 내가 주장하고 싶거나 어필하고 싶은 부분이 있다면 반드시 그에 대한 Why를 함께 준비하는 것이 임원면접의 핵심이라고 할 수 있습니다.

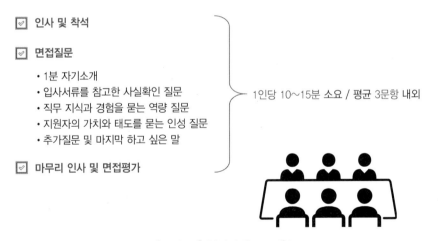

[그림 10] 일반면접 프로세스

일반면접의 프로세스는 인사 및 착석, 면접질문, 마무리인사 및 면접평가의 3단계로 진행됩니다. 개인면접의 경우에는 지원자에게 충분한 시간이 주어지지만, 집단면접의 경우에는 1인당 주어지는 시간이 5~10분 정도밖에 되지 않으며, 면접질문도 3~4개 이하입니다. 짧은 시간 안에 주어진 질문에 대해서 자신의 인성, 직무역량, 조직적합도가 종합적으로 보여질 수 있도록 답변하는 것이 중요합니다.

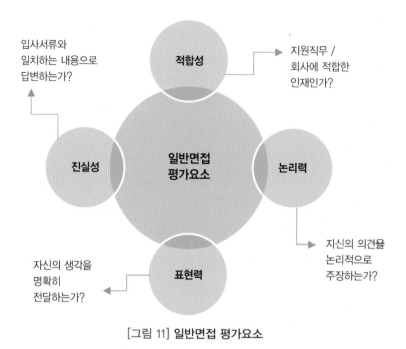

[그림 11] 일반면접 평가요소

일반면접의 핵심 평가 요소는 지원자의 인성과 직무에 대한 역량입니다. 좀 더 구체적으로는 진실성, 적합성, 논리력, 표현력을 확인하는 절차로 면접이 진행됩니다. 본인이 입사서류에 작성한 내용에 맞는 경험 스토리를 준비하고, 조직에 적합한 인재임을 어필해야 합니다. 또한, 본인의 직무 적합성을 논리적이고 명확하게 표현하는 것이 중요합니다.

일반면접 주제

아래 기술된 내용들은 기업과 기관에서 면접관들이 하는 단골 질문 유형을 정리한 것입니다. 주요 평가 요소와 질문 유형을 정리해 두었으니, 확인하고 대비하면 좀 더 논리적으로 간결하게 답변할 수 있을 것입니다.

기본자질 (진실성, 표현력, 논리력)	○ 40초 동안 자기소개를 해 보시오. ○ 우리 회사가 당신을 꼭 선택해야 하는 이유를 말씀해 주십시오. ○ 우리 회사를 선택한 이유 3가지만 말씀해 주십시오.
조직적응력 (조직/직무적합성)	○ 대인관계에서 가장 중요한 것은 무엇이라고 생각하며, 대립이 생기면 어떻게 해결하겠습니까? ○ 어떤 경우에 화가 나고, 화가 났을 때 해소는 어떻게 하는지 설명해 주십시오. ○ 지원분야에 어떤 성과를 내고 싶으며, 어떻게 성과를 도출해 내겠습니까?
적극성/협조성 (조직/직무적합성)	○ 자신이 보완해야 할 점은 무엇이며, 어떻게 극복해 나가십니까? ○ 근무시간 중에 처리할 수 없는 벅찬 업무를 부여받았다면 어 떻게 대처하겠습니까? ○ 가장 바람직원 기업문화(직장분위기)는 무엇이라고 생각합니까?
상식/교양수준 (조직/직무적합성)	○ 특기나 자격증이 있다면 그것이 입사 이후에 어떻게 도움이 될까요? ○ 우리 기업의 사업(또는 지점명)에 대해 아는 대로 말씀해 보십시오. ○ 기업의 사회적 책임에 대해서 말씀해 주십시오.
인생관/사회성 (표현력, 논리력)	○ 문제 발생 시 주로 누구와 상의하고 의사결정을 하게 되는 지요? ○ 본인이 사회에 기여할 수 있는 가치 중에 가장 대표적인 것 은 무엇입니까?
기 타 (표현력, 논리력)	○ 오늘 갑자기 1억원이 생기면 어떻게 사용하겠습니까? ○ 좋아하는 책의 구절을 말해 보세요. ○ 이 장소에 불이 났다면? ○ 여행 중 가장 기억에 남는 곳이 있다면, 어디인지?

3. 상호관계, 배려와 소통을 평가하는 토론면접

회사는 왜 토론면접을 하는가?

회사를 한마디로 정의할 수는 없지만, 가장 완벽한 정의 중에 하나는 '회사는 혼자가 아닌 함께 일하는 곳'이라는 것입니다. 회사 유형, 특징, 규모와 관계 없이 적용되는 불문율이라고 할 수 있습니다.

지식과 경험이 다른 사람들이 모인 공간에서 함께 일을 하다 보면 필연 의견 대립이 발생합니다. 이때 이런 대립과 갈등에 임하고 해결하기 위한 소통 능력은 가장 중요한 지원자의 능력이라고 할 수 있습니다. 또한 회사에서 내가 가진 의견을 실행에 옮기기 위해서는 필연 상대방을 설득하는 절차가 요구됩니다. 논리적인 사고를 기반으로 설득력 있게 나의 의견을 주장하는 것이 중요한 능력입니다.

토론면접은 바로 이런 부분들을 평가하는 면접입니다. 상대방을 배려하고 나와 다른 의견에 경청하는지, 논리적인 화법으로 설득에 임하는지 등을 확인합니다. 한마디로, 향후 회사의 일원이 될 지원자들이 다른 사람들과 소통하거나 타 부서와 원활하게 협업할 수 있는지를 확인하기 위한 면접입니다.

회사는 왜 토론면접을 보는가?

☑ 회사는 함께 일하는 곳이다.
(대내외 관계적 업무가 많다)
➡ 경청능력, 공감능력
배려, 수용력
팀워크, 태도

☑ 회사는 문제를 해결하기 위한
설득의 과정이다.
(문제해결, 아이디어창출, 정보공유)
➡ 커뮤니케이션 능력
논리력
설득력

☑ 적합한 인재의 선발
➡ 직무역량에 따른 전문성
조직적합성
인성
적극적인 태도

[그림 12] **토론면접 실시이유**

토론면접은 주로 상호 갈등적 요소를 가진 한 가지 주제를 제시하고 서로 간의 상호작용을 관찰하는 방식으로 진행됩니다. 토론 과정에서 주장의 옳고 그룹이 아닌 합의점을 찾아가는 과정으로 지원자의 커뮤니케이션 방식, 말하는 태도, 논리적인 주장 등이 중요 평가기준이 됩니다. 옳고 그름의 논리가 아닌, 같고 다름의 논리를 통해 상대방의 의견을 인정하면서도 내 주장을 관철시키는 논리력이 요구됩니다.

가끔 토론면접이 아닌 토의면접을 시행하는 곳도 있습니다. 여러 사람과 의견을 나누는 방식이라는 것에는 궤를 같이하지만 두 면접에는 근본적인 차이가 있습니다. 토론은 주제에 대해 찬반을 나누어 본인의 의견을 논리적으로 주장하여 합의점을 찾아가는 방식으로 상대방에 대한 배려, 경청하는 태도가 중요합니다. 반면, 토의는 주어진 주제에 대해 자유롭게 의견을 개진하여 결론을 찾는 것으로 지원자 간 협력과 균형적인 태도가 좀 더 중요한 포인트가 됩니다.

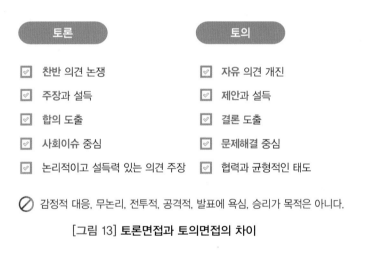

[그림 13] **토론면접과 토의면접의 차이**

이때 한 가지는 꼭 명심해야 합니다. 두 면접 모두 지원자들끼리 의견을 교환하여 결론이나 합의를 도출하는 과정인 만큼 면접이 과열되는 경우가 많습니다. 이때 감정적으로 대응하거나 공격적인 언행과 표정, 제스처 등은 보이지 않는 것이 좋습니다. 평정심을 유지하고 감정이 아닌 이성에 집중해야 합니다. 승리가 목적이 아니라 수용과 합의, 설득이 좀 더 중요한 목적임을 잊지 말아야 겠습니다.

토론면접 프로세스

토론면접은 대기-준비-면접-평가의 4단계로 진행됩니다. 대기 단계에서는 주제가 제시되고 찬반 그룹이 결성됩니다. 자유롭게 선택하게 하는 곳도 있고, 경우에 따라 회사 측에서 결정하는 경우도 있습니다. 준비 단계에서는 각 그룹별로 주제에 대한 자료검토, 역할 분담, 발언을 준비합니다. 준비가 끝나고 토론면접이 시작되면 기조발언을 시작으로 찬반에 대한 의견을 개진합니다. 발표시간이 종료될 시점에는 합의를 도출하고 면접을 마무리합니다.

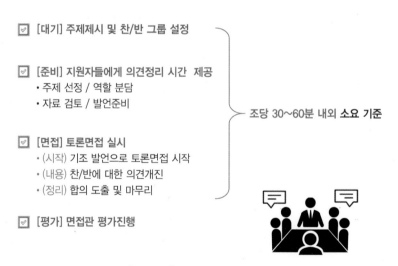

[그림 14] 토론면접 프로세스

토론면접 평가요소

토론면접은 상호관계가 중요한 만큼 논리력이나 표현력뿐만 아니라 면접태도 또한 중요한 평가요소가 됩니다. 적극적인 태도를 갖추되 상대방의 의견을 수용하는 능력 또한 어필하는 것이 중요합니다.

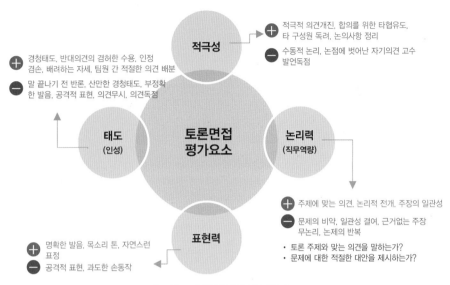

[그림 15] 토론면접 평가요소

4가지 평가 요소에 대해 가점 요인과 감점 요인을 표기해 두었으니 참고해 주시기 바랍니다. 좀 더 구체적으로 해야 할 행동과 하지 말아야 할 행동을 아래 표의 내용으로 정리해 두었으니 토론면접 전에 상기하고 임하면 도움이 될 것입니다.

Do	Don't
• 첫 발언에서 **인사와 자기소개**를 한다.	• 고개를 숙인 채 필기에만 집중한다.
• 근거 있는 이의 제기를 한다.	• 공격적인 언행을 보인다.
• 타인의 의견에 공감하는 반응을 한다.	• 소극적으로 참여한다.
• 핵심 사항 위주로 발언, 구조화한 **메모**	• 토론의 주제와 다른 방향으로 발언한다.
• 타인의 **참여**와 **아이디어**를 발전시키는 행동	• 자신의 주장을 이유 없이 변경한다.
• **의견 중재** 및 **idea**를 부가한다.	• 자신의 의견만을 내세운다.
• 소극적인 구성원에게 발언의 기회를 준다.	

⊘ 감정적 대응, 무논리, 전투적, 공격적, 발표에 욕심, 승리가 목적은 아니다.

[그림 16] 토론면접 Do vs Don't

　토론면접의 주제로는 주로 최신 시사이슈들이 나올 가능성이 큽니다. 최저임금인상, 가상화폐, 일회용품 사용 등이 나올 수 있습니다. 뉴스나 매거진 등을 통해 최신 시사 내용을 자주 살펴보고 주요 논점과 상반되는 주장의 장/단점을 정리하는 습관을 가지면 도움이 됩니다. 또한 어떤 대안을 주장할 경우, 대안의 실행에 따라 파생될 수 있는 2차적인 문제들에 대해 생각해 보는 것도 도움이 됩니다. 상대방의 반론을 예상하고 대비해 볼 수 있는 좋은 방법이기 때문입니다.

　토의 면접의 경우, 시사 상식 관련 문제가 주어지기도 하지만 현업에서 직면할 수 있는 문제를 제시하는 경우가 많습니다. 실제 회사에서 있을 법한 사례를 주고 토의를 하는데, 주로 마케팅 전략, 인사 정책 및 각종 문제해결이 필요한 주제가 주어집니다. 문제해결의 프로세스(문제-원인-해결)를 익히고, 책이나 강의 등을 통해 회사에서 벌어지는 업무 관련 문제를 다양하게 익히는 것이 유리합니다.

토론면접 문제 예시

- ☑ 코로나19 백신 접종 의무화 찬반
- ☑ 주 4일 근무제 도입 찬반
- ☑ 최저임금 인상에 대한 찬반
- ☑ 일회용품 금지 찬반
- ☑ 노키즈존에 대한 찬반
- ☑ 수술실 CCTV 설치 의무화 찬반
- ☑ 가상화폐 도입에 대한 찬반

토의면접 문제 예시

- ☑ 미세먼저를 줄이는 아이디어 방법
- ☑ 신제품 상품/서비스 마케팅 활성화 방안

[그림 17] **토론 및 토의 면접 주제**

4. 직무역량과 의사전달력을 평가하는 PT면접

회사는 왜 PT면접을 보는가?

회사는 한마디로 문제 집합소라고 할 수 있습니다. 다양한 문제가 발생하고 이를 해결하기 위한 과정 속에서 생존하고 성장해 나갑니다. 따라서 문제해결능력은 직원들의 핵심 능력 중에 하나이며, 문제를 잘 해결하기 위해 반드시 필요한 역량이 직무역량이라고 할 수 있습니다.

PT면접은 바로 지원자들이 직무역량을 얼마나 갖췄는지 심도있게 평가할 수 있는 가장 강력한 방법입니다. 면접관들은 PT면접을 통해 지원자들의 복합적 사고능력, 논리력, 분석력, 창의력, 기획력, 표현력, 의사 전달력 등을 평가합니다.

회사는 왜 PT면접을 보는가?

☑ 회사는 문제 → 해결의 연속이다. ➡ 문제해결능력
논리력
분석능력

☑ 회사의 언어는 문서다 ➡ 구조화 능력
문서작성능력
의사전달력/ 의사표현력

☑ 직무에 적합한 인재 선발 ➡ 산업, 기업, 직무에 대한
관심과 이해능력
찐~! 지원자인가?

[그림 18] PT면접 실시이유

PT면접은 특정 주제에 대해 면접관 앞에서 자신의 의견을 정해진 시간 동안 발표하는 방식으로 주제 전달 방식에 따라 2가지로 구분됩니다.

당일 제시

방식: 통상적으로 구두로 발표
평가: 문제해결능력, 구성력, 창의력

사전 제시

방식: 도구나 기자재를 활용한 발표
평가: 분석력, 기획력, 전문성

[그림 19] PT면접 주제 전달방식

주제가 면접 당일 제시된 경우에는 주어진 시간 내에 자료를 분석하여 발표해야 하는 만큼 주제는 시사, 문제해결, 직무설명에 관련된 내용이 많습니다. 짧은 시간 동안 주제를 파악하고 발표할 수 있어야 하므로, 지원자의 문제해결능력과 스토리 구성력, 창의력 등이 중요 평가기준이 됩니다.

주제가 사전에 제시된 경우에는 충분한 시간적 여유가 있기 때문에 파워포인트나 워드로 작성하여 발표하는 경우가 많습니다. 사업계획서, 연구개발, 기획서 등 개인의 직무역량과 전문성을 발휘할 수 있는 주제가 많습니다. 지원자의 기획력과 분석력이 중요 평가기준이 됩니다.

PT면접 프로세스

PT면접은 크게 3단계 프로세스로 진행됩니다.

[그림 20] PT면접 프로세스 3단계

1단계는 인사담당자가 면접에 대한 개괄적 안내를 진행합니다. 주제를 사전에 제시할 경우 과제설명과 작성가이드를 안내하며, 당일 제시의 경우 발표 시간, 주제, 운영방식에 대한 설명이 진행됩니다.

2단계는 발표자료를 작성하는 단계입니다. 사전 제시일 경우 주제가 사업계획, 직무관련 주제 등으로 개인의 전문영역에 대한 깊이있는 내용이 포함되며 작성도구는 주로 파워포인트나 워드로 작성합니다. 시간이 넉넉하게 주어진 만큼 철저한 준비와 차별화된 내용으로 작성해야 합니다.

당일 발표의 경우 시사문제, 직무관련(상황문제), 비전과 포부 등 짧은 시간에 작성할 수 있는 주제가 제시됩니다. 시간이 짧은 만큼 구두 발표가 많으며, 주제에 대한 빠른 분석력과 구성력, 논리적이고 창의적인 문제해결 과정을 중요하게 평가합니다.

PT면접 평가요소

PT면접은 한마디로 종합예술이라고 할 수 있습니다. 지원자의 사고력, 논리력, 전달력 외에 창의성에 이르기까지 지원자의 총체적인 역량을 평가하기 때문입니다.

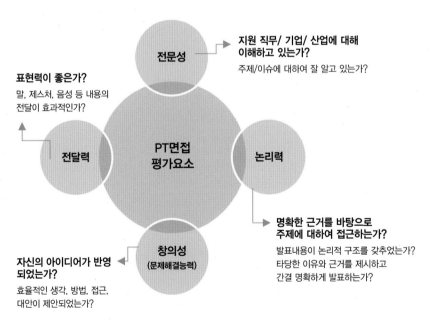

[그림 21] PT면접 평가요소

관련 직무에 대한 전문성은 기본이고, 이를 바탕으로 자신의 주장을 이유와 근거를 통해 합리적으로 전달하는 논리력, 상대방이 알아듣기 쉽고 간결하게 표현하는 전달력을 평가합니다. 여기에 방점을 찍는 것은 창의성입니다. 기존의 방식이나 구태의연한 사고가 아니라 신입사원의 관점에서 생각할 수 있는 새롭고 기발한 방식이면 가점요소가 됩니다. 다만, 창의적인 것이 허무맹랑한 주장은 아니어야 합니다. 구체적인 근거를 수반해서 현실성 있는 이야기로 풀어내는 것이 중요합니다.

문제해결형

지식과 경험을 바탕으로 주어진 상황을 해석하고 분석해서 아이디어를 제시

주제 설명형

전공이론이나 직무역량에 관한 지식을 쉬우면서도 논리적으로 설명

[그림 22] PT면접 주제

PT과제로 가장 많이 출제되는 유형은 문제해결형입니다. 회사에서 직면한 상황과 문제를 제시하고 이에 대한 지원자의 해결방안을 요구하는 형식입니다. 경우에 따라 사회 현상을 제시하고 이에 대한 아이디어를 묻는 경우도 있습니다. '코로나시대의 마케팅 전략에 대해 말해보세요'라는 주제로 최근 이슈가 되고 있는 사회문제를 직무와 연결하여 해결방법 또는 자신의 견해, 아이디어를 답변하면 됩니다.

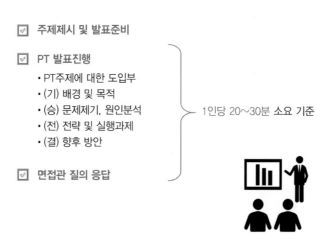

[그림 23] **PT면접 프로세스**

    문제해결형 PT 발표를 구성할 때는 4단계로 하는 것이 좋습니다. 기업에서 많이 활용하는 방식이기도 하고 사람을 설득하는 데 가장 최적화된 방식이기 때문입니다. 먼저 제안을 하게 된 환경이나 현황에 대한 배경을 제시하는 것으로 발표를 시작합니다. 상대방에게 내 이야기를 들어야 하는 합당한 이유와 근거를 제시하는 단계입니다. 두 번째는 핵심 문제와 그 문제를 일으킨 원인을 분석해서 제시합니다. 세 번째는 문제를 해결하기 위한 수단과 구체적인 실행방안을 제시해야 합니다. 이때 문제해결의 핵심을 한마디로 표현한 컨셉을 제시하면 내 제안이 좀 더 힘을 가질 수 있습니다. 마지막으로 타 부서 협조나 조치 사항과 의사결정 사항 등에 관한 향후계획을 제시하는 것으로 마무리합니다.

    공대생이나 IT 직무와 관련된 PT면접에서는 특정한 전문 지식이나 이론, 케이스 등에 관한 주제 설명형 PT가 진행됩니다. '○○에 대해 정의해라.' '○○이론을 적용한 활용사례를 설명하라' 등으로 주제가 주어집니다. 주제 설명형 PT의 경우 학교에서 배운 이론과 실습 내용, 직무에 필요한 지식과 관련된 문제로 문제해결형에 비해 비교적 정답이 정해진 문제입니다. 평소 쌓아 둔 배경지식이 없다면 답변하기 어려운 형태의 문제로서 평소 전공 과

목에 대한 철저한 학습과 직무관련 지식을 쌓는 노력이 필요합니다.

5. 공정하고 객관적인 인공지능 채용도구, AI면접

회사는 왜 AI면접을 보는가?

사회적으로 채용비리를 근절하고 공정한 기회를 부여하자는 요구가 높아짐에 따라 2017년부터 '블라인드 채용'이 시행되기 시작했고, 2020년 5월에는 '채용절차의 공정화에 관한 법률(이하 채용법)'이 시행되었습니다. 이런 변화의 흐름에 대응하기 위해서 기업들에서는 앞다투어 AI(Artificial Intelligence, 이하 AI)면접을 채용에 활용하기 시작했습니다. 최초 서류 표절검사로 시작된 AI면접은 기술개발과 함께 그 영역을 확대하여 점차 채용프로세스의 전 영역에서 활용되고 있습니다.

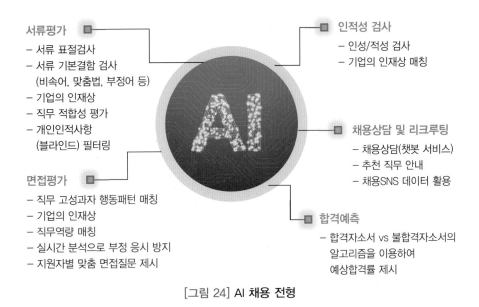

서류평가
- 서류 표절검사
- 서류 기본결함 검사
  (비속어, 맞춤법, 부정어 등)
- 기업의 인재상
- 직무 적합성 평가
- 개인인적사항
  (블라인드) 필터링

면접평가
- 직무 고성과자 행동패턴 매칭
- 기업의 인재상
- 직무역량 매칭
- 실시간 분석으로 부정 응시 방지
- 지원자별 맞춤 면접질문 제시

인적성 검사
- 인성/적성 검사
- 기업의 인재상 매칭

채용상담 및 리크루팅
- 채용상담(챗봇 서비스)
- 추천 직무 안내
- 채용SNS 데이터 활용

합격예측
- 합격자소서 vs 불합격자소서의
  알고리즘을 이용하여
  예상합격률 제시

[그림 24] AI 채용 전형

회사 입장에서는 면접관의 주관이 개입되지 않아 객관적이고 공정한 평가가 가능합니다. 또한 기존의 면접과정에서 발생했던 노동력, 시간, 비용 등을 줄일 수 있어 효율적인 측면에서도 성과가 입증되었습니다. 지원자들 입장에서도 사람을 상대하는 대면면접보다 심적으로 편안하다는 의견이 많았고, 대면면접대비 공정하다는 설문결과가 압도적으로 높게 나타났습니다. 이런 분위기 속에 향후 AI면접은 점차 확산될 예정에 있습니다.

AI면접 프로세스

AI면접을 진행하기 전에 면접에 집중할 수 있는 환경준비가 필요합니다. 단순히 PC에서 면접을 본다고 안이하게 생각해서 복장, 배경, 컴퓨터 장비 등을 신경 쓰지 않고 진행하는 경우 낭패를 볼 수 있습니다. 철저하게 준비하고 사전 점검을 통해서 능력과 관련없는 부분 때문에 불이익을 받는 일이 없도록 해야겠습니다.

가장 먼저 PC 관련 장비를 점검해야 합니다. 웹캠이 구비된 PC와 하울링이 없는 유선 이어폰이 기본적으로 구비되어야 합니다. 또한 AI면접의 일환으로 진행되는 게임에 대응하기 위해서는 터치패트 보다 성능이 좋은 마우스 사용을 권장합니다. 운영체계는 window7 이상으로 하며 크롬(Chrome) 브라우저를 통해 접속해야 하므로 미리 설치해 두어야 합니다. 마지막으로 인터넷의 경우 무선이 아닌 유선 인터넷을 이용한 안정적인 환경을 추천합니다. 간혹 무선인터넷의 경우 불안정하여 멘탈이 무너지고 면접에 집중하지 못하는 경우가 발생하고는 합니다.

다음으로는 면접 환경입니다. 복장은 대면면접과 동일하게 정장을 입고, 주위환경은 깨끗하게 해야 합니다. 간혹 뒷배경으로 집안모습이 모두 보이는 경우가 있는데, 한 가지 색상으로 된 벽면이 좋으며 가급적 흰색 배경을 추천합니다. 흰색 벽면은 반사판 역할을 하여 지원자의 얼굴을 환하게 보여주기 때문입니다. 때로는 얼굴이 그늘져 보이지 않도록 조명까지 활용한다면 도움이 될 수 있습니다. 마지막으로 집안에 가족들이 있다면 사전에 양해를 구하는 것이 좋고, 반려견이나 기타 다른 외적인 요소가 개입되지 않도록 신경 써야 합니다.

사전준비를 마무리했다면 이제 본격적으로 AI면접을 진행할 차례입니다. 면접은 개발 업체나 회사에 따라 다소 차이는 있지만 3단계로 진행되는 것이 일반적입니다.

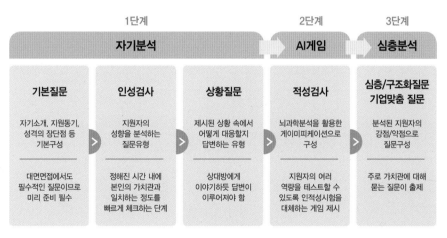

[그림 25] AI면접 프로세스

먼저 1단계는 자기분석단계로서 기본질문, 인성검사, 상황질문 순서로 진행됩니다. **기본질문**은 지원자 모두가 공통으로 받게 되는 질문으로 '자기소개, 지원동기, 성격의 장단점으로 구성되어 있으며 답변시간은 1문항당 90초입니다. **인성검사**는 정해진 시간 내에 지원자의 가치관과 태도를 평가하는 것으로 평균 150~180문항으로 구성되어 있으며 객관식으로 답변하는 방식입니다. 인성검사에는 딱히 정해진 정답은 없기 때문에 자신에게 가장 적합한 답을 찾아서 **솔직**하게 체크하면 됩니다. 특히 인성검사에는 지원자의 답변에 대한 진의여부를 확인하는 허수문항이 존재하기 때문에 솔직하면서도 **"일관성"** 있게 답변하는 것이 중요합니다. **상황질문**은 가상의 상황을 제시하여 그 상황 속에서 어떻게 행동하는지를 확인하고, 그 안에서 발견되는 개인의 가치관을 확인하는 질문입니다. 답변시간은 1문항당 60초이며, 좋은 평가를 받기 위해서는 상대방과 대화하듯 자연스럽게 상황 연기를 하는 것이 좋습니다.

2단계는 AI게임입니다. AI게임은 AI면접의 꽃으로 불리는 방식으로, 대면면접에선 찾아볼 수 없었던 평가 방식입니다. 총 10가지 내외의 게임을 통해 순발력, 추론능력, 창의력 등을 평가합니다. 전체 결과지의 50% 이상을 차지하는 중요한 요소라고 생각됩니다.

AI면접 직군별 게임리스트

출처 – 마이다스아이티 INAIR 홈페이지

[그림 26] AI면접 전략게임

하지만 실제로 AI 게임을 통해서 평가하고자 하는 부분은 따로 있습니다. 지원자가 게임에 몰입하면서 무의식적으로 나오는 본질적인 역량을 측정하기 위함입니다. 한마디로 정답을 맞추는 능력보다 정답을 찾기 위한 태도가 중요하다고 할 수 있습니다. 예컨대 게임 도중 점수를 잃게 되면 지나치게 소심해지고, 점수를 높이기 위해 무작위로 답을 찍거나, 게임이 어렵다고 도중에 포기하면 부정적 평가를 받게 됩니다.

A지원자와 B지원자가 있는데 A지원자는 문제가 거듭될수록 정답률이 떨어지는 반면, B지원자는 후반으로 갈수록 정답률이 올라가는 경우가 있습니다. 이때 AI는 B지원자가 집중력이 높고 문제 해결력이 우수하다고 판단할 수 있습니다. 끝까지 집중력을 잃지 않고 문제에 임하는 태도가 무엇보다 중요하다고 할 수 있습니다.

다시 한번 강조하지만 AI게임은 높은 점수를 획득하는 것도 중요하지만 게임에 임하는 지원자의 성향과 주어진 자극에 어떻게 반응하는지가 중요합니다. 아래 몇 가지 팁을 기술해 두었으니 참고하시기 바라며, 시중에 나와 있는 연습 도구들을 통해 준비한다면 좋은 결과를 얻을 수 있을 거라 생각합니다.

AI게임 핵심사항

① 기억력, 집중력, 적응력이 중요하다.

② 게임 규칙을 완벽히 이해하는 것이 중요하다.

③ 오답 시 유연한 대처가 필요하다.

④ 포기하지 않고 끝까지 하는 의지가 중요하다.

⑤ 모든 행동과 표정이 녹화되고 있음을 잊지 말자.

3단계는 심층 분석입니다. AI면접의 마지막 단계로서 1~2단계에서 진행된 내용을 참고하여 개별 맞춤형 질문이 주어집니다. 심층 분석에서는 대면 면접과 유사하게 질문에 답한 내용을 기반으로 꼬리질문이 제시되므로 당황하지 말고 침착하게 답변하는 것이 중요합니다.

AI 심층분석 꼬리질문 사례

1. 10년 뒤에 제일 만족할 만한 성과는 무엇인가?

　1-1. 그 성과를 이루기 위한 구체적인 방법

2. 경쟁 상황이 주어지면 이겨야 한다고 생각하는가? (예, 아니요 대답)

　2-1. 당신에게 경쟁의 의미란?

3. 주변에서 다재다능하다는 말을 듣는가? (예, 아니요 대답)

　3-1. 회사에서 모든 지원을 해준다면 가장 하고 싶은 직무, 업무는 무엇인가?

　3-2. 그 일을 가장 열정적으로 할 수 있는 이유는 무엇인가?

무엇을 준비할 것인가?

PART

'03

1. 정답이 아니라, 스토리로 말하자

면접관으로 활동하다 보면 생각보다 면접 질문에 정답만을 말하는 지원자가 많습니다. 물론 정답을 말하는 것이 잘못된 것은 아니지만, 면접관은 지원자의 입에서 정답을 기대하고 질문을 하는 것이 아닙니다. 면접관이 원하는 것은 천편일률적인 정답보다 그 정답을 도출해 내기까지 지원자의 사고 과정입니다.

면접은 수능 시험 문제가 아닙니다. 2×3 문제에 6이라는 정답을 말하는 것보다, 왜 '6'이라고 생각하는지, 어떻게 '6'이라는 답이 나오게 되었는지 그 이유와 과정이 중요하며, 앞으로 6을 어떻게 활용할 것인지까지 답변하는 것이 중요합니다.

한마디로 잘 구성된 이야기 구조를 가지고, 면접관을 설득해야 한다는 뜻입니다. 이때 활용하면 좋을 방법이 STAR기법입니다. STAR(스타)기법은 Situation-Task-Action-Result의 약자로서 설득력 있는 말하기의 프레임입니다. 면접관의 질문에 생각나는 대로 두서없이 말하는 것이 아니라, 먼저 STAR라는 프레임을 떠올리고 그 순서에 맞춰 답변하면 정리된 생각이 면접관에게 전달되어 좋은 인상을 주게 됩니다.

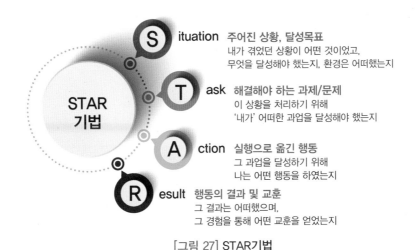

(S) ituation 주어진 상황, 달성목표
내가 겪었던 상황이 어떤 것이었고,
무엇을 달성해야 했는지, 환경은 어떠했는지

(T) ask 해결해야 하는 과제/문제
이 상황을 처리하기 위해
'내가' 어떠한 과업을 달성해야 했는지

(A) ction 실행으로 옮긴 행동
그 과업을 달성하기 위해
나는 어떤 행동을 하였는지

(R) esult 행동의 결과 및 교훈
그 결과는 어떠했으며,
그 경험을 통해 어떤 교훈을 얻었는지

STAR 기법

[그림 27] STAR기법

Situation은 주어진 상황, 달성하고자 하는 목표를 나타내며, Task는 해결해야 하는 문제 혹은 과제를 의미합니다. Action은 실행으로 옮긴 행동 사례이며, Result는 행동의 결과 및 교훈을 의미합니다. 이는 마치 영화나 드라마의 스토리 라인과 유사합니다. 사람들이 영화나 드라마의 스토리에 매료되듯이, 면접관 입장에서 내가 하는 이야기에 흥미를 느낄 수밖에 없는 구조가 만들어집니다.

예를 들어 팀 과제를 수행하면서 원칙을 지켜 성공시켜 본 경험이 있는가?라는 질문에 STAR(스타)기법을 활용한다면 아래와 같이 답변할 수 있습니다.

Q. 팀 과제를 수행하면서 원칙을 지켜 성공시켜 본 경험이 있습니까?

`Situation` 마감 기간이 얼마 남지 않은 프로젝트 최종보고가 있었습니다. 시간이 촉박했던 탓에 팀 동료들은 이미 제출한 중간보고서에 데이터만 수정해서 제출하자고 했습니다.

`Task` 프로젝트 마감일까지 최종 보고서를 완료하지 못하면 좋은 점수를 받을 수 없으니, 중간보고와 타 실험결과를 섞어서 편법으로 보고하자고 했습니다.

`Aaction` 저는 이것이 바람직하지 않은 행동이라고 생각하여, <u>최하점을 받더라도, 원칙 준수의 중요성을 강조하였습니다.</u> 저의 의견을 받아들인 팀 동료들은 각자의 시간을 조금씩 더 할애하여 프로젝트를 마무리하였고, 절대적인 시간이 부족했던 실습 결과물은 다른 자료로 대체하며 마감기간 내에 최종보고서를 제출할 수 있었습니다.

`Result` 그 결과 역설적이게도 편법으로 최종보고서를 제출한 타 팀들에 비해 높은 점수를 받을 수 있었고, 그때 일을 통해 원칙을

지키면 그 값은 반드시 돌아오게 되어 있다는 교훈을 얻을 수 있었습니다.

2. 주장하지 말고, 설득을 하자

모의 면접 컨설팅 현장에서 수많은 취업준비생을 만나면서 느낀 점은, 그들에게 두 가지 사고가 부족하다는 것이었습니다. 바로 Why so 사고와 So what 사고입니다. 즉, 주장만 있고 왜 그렇게 생각하는지에 대한 근거가 부족하거나, 주장으로 인한 결과나 성과를 언급하지 못하는 경우가 많았습니다. 예를 들어 이런 식입니다.

면접관 : 강점이 뭐라고 생각하나요?
지원자 : 저는 어떤 상황에서도 포기하지 않는 끈기라고 생각합니다. (끝)

이렇게 말한 지원자의 답변 앞에 면접관의 생각은 자연스레 이렇게 옮겨갈 수밖에 없습니다.

'진짜일까? 내가 저걸 어떻게 믿지?'

이때, 탁월한 지원자라면 이렇게 답변을 이어나갈 것입니다. 왜 그렇게 주장하는지에 대한 Why so를 함께 이야기하는 것입니다.

"2022년 아마추어 하프 마라톤 대회 때, 근육 경련이 와서 포기해야 할 상황에 놓인 적이 있었습니다. 하지만 저는 끝까지 포기하지 않고 걷다가 뛰고, 다시 걷기를 반복하면서 결국 완주에 성공할 수 있었습니다."

여기까지 들은 면접관의 생각은 이제 마지막 정점으로 이동하게 됩니다.

'그래서 뭐? 그게 우리 회사나 직무에 어떤 도움이 되지?'

최종 합격의 기쁨을 누리고 싶은 지원자라면 마지막 So what을 놓치는 법이 없습니다. So What으로 답변에 방점을 찍으면서 마무리합니다.

"개발부서는 프로젝트를 하다 보면 밤샘업무도 많고 단기간에 프로젝트를 완료해야 하는 경우가 많다고 들었습니다. 마라톤에서 보여준 끈기와 열정으로 끝까지 포기하지 않고, 주어진 시간 내에 완수하는 직원이 되겠습니다."

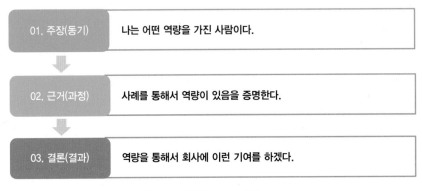

01. 주장(동기)   나는 어떤 역량을 가진 사람이다.

02. 근거(과정)   사례를 통해서 역량이 있음을 증명한다.

03. 결론(결과)   역량을 통해서 회사에 이런 기여를 하겠다.

[그림 28] 설득의 3단구조

이처럼 주장−근거−결과의 3단구조로 말하는 기법은 세계적인 컨설팅 회사 맥킨지 컨설팅에서 고안한 방법으로 사람을 설득하는 데 가장 효과적인 방법입니다. 물론, 면접장에서 면접관을 설득하는 데도 도움이 되는 방식이라는 것은 두말하면 잔소리겠죠?

예를 들어, 판매사원 채용면접에서 '당신을 뽑아야 하는 이유를 1가지만 말해보세요'라는 질문에 대한 답변을 주장−근거−결과로 정리해서 답변해 보겠습니다. 시간 순서나 생각나는 대로 말하는 것보다 두괄식 구성으로 주장부터 말하는 것이 훨씬 설득력 있게 들리는 것을 확인할 수 있습니다.

Q. 당신을 뽑아야 하는 이유가 있다면 1가지만 말해주세요

Worst(시간순서)

저는 어릴 적 부모님께서 맞벌이를 하셨기 때문에 할머니와 함께하는 시간이 많았습니다. 그래서 할머니의 친구분들과 자주 만났고, 다양한 것을 익힐 수 있었습니다. 그 덕분에 학창시절에는 교우관계도 좋아 무난한 학창생활을 보낼 수 있었습니다. 어디서나 누구에게나 잘 적응하는 친화력이 저의 가장 큰 장점이라 말씀드릴 수 있습니다.

Best(두괄식 방법)

주장 판매분야에서 저를 뽑아야 하는 단 1가지 이유가 있다면 그것은 바로 저의 친화력이라고 생각합니다.

근거 어린 시절부터 할머니와 생활하면서 어르신들과 접할 수 있는 기회가 많았습니다. 어르신들과 함께하며 상대방에 대한 배려와 이해, 그리고 경청의 중요성을 배울 수 있었으며, 친화력은 저희 대인관계에 있어 가장 중요한 생활습관이 되었습니다. 이런 친화력을 바탕으로 학창시절 탄탄한 교우관계를 마련할 수 있었습니다.

결론 제가 갖고 있는 친화력을 바탕으로 판매분야에서 고객이 먼저 찾는 직원이 되겠습니다.

3. 질문 자체가 아니라, 숨은 의도를 파악하자

모 대학의 모의면접 현장에서, 면접을 끝내고 아리송한 표정으로 돌아서는 지원자가 있었습니다. 제가 지원자에게 물었습니다.

"왜 그런 표정을 지으세요?"

지원자가 이렇게 대답합니다.

"아까 그 질문에 제가 대답을 잘 한 것인지 확신이 없어서요."

아마 비슷한 경험들은 한 번쯤 해보셨을 거라 생각합니다. 이런 걱정은 내가 답변한 내용에 대한 불확실성에서 나오는 경우가 많습니다. 그리고 이 불확실성은 면접관이 원하는 것을 정확하게 알지 못하고 답변한 것에서 나오는 막연함 때문입니다.

'취미는 무엇입니까?'라는 질문에 '독서입니다.'와 같은 답변은 면접관의 숨은 의도를 파악하지 못한 경우입니다. 면접관이 궁금한 것은 내 취미가 독서인지 테니스인지가 아닙니다. 면접관이 던지는 질문은 겉으로 드러난 형식이자 면접관의 의도를 담아낸 그릇일 뿐입니다. 그릇 안에 담긴 음식의 실체를 파악해야 제대로 면접관을 공략할 수 있습니다.

방법은 생각보다 간단합니다. '왜'라는 질문을 아끼지 않는 것입니다. 면접관은 '왜 저런 질문을 했을까?'라고 스스로에게 질문을 던지고, 그 질문에 대한 답을 찾는 과정을 통해서 면접관의 의도를 파악할 수 있습니다. 한마디로, 질문 자체가 아니라 그 질문을 한 의도에 집중하는 것입니다.

그렇다면 면접관은 왜 나의 취미를 물어본 것일까요? 취미를 통해 지원자의 가치와 태도를 엿보고자 하는 것입니다. 한 발 더 나아가 지원자의 스트레스 해소방법을 알고 싶어 하는지도 모릅니다. '취미는 무엇입니까?'라는 단순한 질문 속에는 '평소 스트레스는 어떻게 관리하나요?', '일상생활에서 즐겨하는 것은 무엇입니까?', '취미생활이 직무에 어떤 긍정적인 영향을 미친다고 생각하나요?'라는 질문과 동일한 의도가 숨겨져 있는 것입니다.

면접질문	면접관의 숨은 의도
취미는 무엇입니까?	• 평소 스트레스는 어떻게 관리하나요? • 취미생활이 직무능력에 어떤 영향을 미칠까요?
상사의 업무부정을 목격합니다. 어떻게 하겠습니까?	• 윤리/도덕적 사고를 가지고 있습니까? • 조직 내 프로세스를 이해하고 있습니까?
본인의 장·단점을 말해 보세요.	• 직무에 적합한 성향을 가지고 있나요? • 직무수행에 치명적인 단점은 아닌가요?

단순히 겉으로 드러난 질문에 대한 답변을 말하는 것이 아니라, 질문에 숨겨진 의도를 파악하여 답변해야 좋은 결과를 얻을 수 있습니다. 보다 구체적인 방법에 대해서는 파트 4 면접 답변 전략에서 설명하도록 하겠습니다.

합격하는 **면접**은
어떻게 **말하는** 것인가?

04

콘텐츠 브리핑

본 파트는 직업인이 공통적으로 갖추어야 할 10가지 직업기초능력과 세부 역량에 따른 면접질문으로 구성되어 있습니다. 세부 역량에 따른 질문과 답변 방법을 상세히 기술해 두었으니 익히고 연습하면 면접에 도움이 될 것입니다.

직업기초능력	세부 역량[1]	출제빈도[2]	면접문항[3]
의사소통능력	문서이해능력, 문서작성능력, 경청능력, 의사표현능력, 기초외국어능력	★★★	12
수리능력	기초연산능력, 기초통계능력, 도표분석능력, 도표작성능력	★	4
문제해결능력	사고력, 문제처리능력	★★★★	9
자기개발능력	자아인식능력, 자기관리능력, 경력개발능력	★★★★★	14
자원관리능력	시간관리능력, 예산관리능력, 물적자원관리능력, 인적자원관리능력	★★	9
대인관계능력	팀워크능력, 리더십능력, 갈등관리능력, 협상력, 고객서비스능력	★★★★★	14
정보능력	컴퓨터활용능력, 정보처리능력	★★	4
기술능력	기술이해능력, 기술선택능력, 기술적용능력	★	6
조직이해능력	국제감각, 조직체제이해능력, 경영이해능력, 업무이해능력	★★★★★	15
직업윤리	근로윤리, 공동체윤리, 기타질문	★★★★	14

1) 직업기초능력10가지, 세부 역량 34개
2) 1,400개 기업의 출제빈도와 난이도를 고려하여 별 5개 척도로 적용
3) 직업기초능력별 면접문항 개수

책의 구성 및 활용법

면접질문과 패턴을 알면 실패 없이 취업면접에 합격할 수 있습니다.

직무역량
직업기초능력 10가지 능력의 세부 역량 34개를 제시하고, 세부 역량별 질문으로 구성하였습니다.

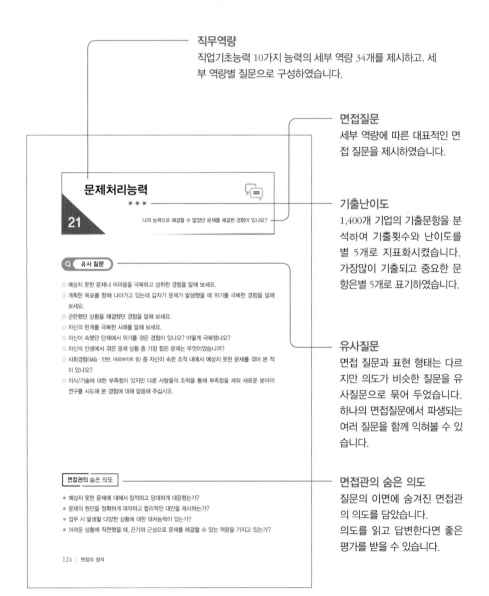

면접질문
세부 역량에 따른 대표적인 면접 질문을 제시하였습니다.

문제처리능력
★ ★ ★

21

나의 능력으로 해결할 수 없었던 문제를 해결한 경험이 있나요?

기출난이도
1,400개 기업의 기출문항을 분석하여 기출횟수와 난이도를 별 5개로 지표화시켰습니다. 가장많이 기출되고 중요한 문항은별 5개로 표기하였습니다.

🔍 유사 질문

○ 예상치 못한 문제나 어려움을 극복하고 성취한 경험을 말해 보세요.
○ 계획한 목표를 향해 나아가고 있는데 갑자기 문제가 발생했을 때 위기를 극복한 경험을 말해 보세요.
○ 곤란했던 상황을 해결했던 경험을 말해 보세요.
○ 자신의 한계를 극복한 사례를 말해 보세요.
○ 자신이 속했던 단체에서 위기를 겪은 경험이 있나요? 어떻게 극복했나요?
○ 자신의 인생에서 겪은 문제 상황 중 가장 힘든 문제는 무엇이었습니까?
○ 사회경험(실습 · 인턴, 아르바이트 등) 중 자신이 속한 조직 내에서 예상치 못한 문제를 겪어 본 적이 있나요?
○ 지식/기술에 대한 부족함이 있지만 다른 사람들의 조력을 통해 부족함을 채워 새로운 분야의 연구를 시도해 본 경험에 대해 말씀해 주십시오.

유사질문
면접 질문과 표현 형태는 다르지만 의도가 비슷한 질문을 유사질문으로 묶어 두었습니다. 하나의 면접질문에서 파생되는 여러 질문을 함께 익혀볼 수 있습니다.

면접관의 숨은 의도

● 예상치 못한 문제에 대해서 침착하고 담대하게 대응했는가?
● 문제의 원인을 정확하게 파악하고 합리적인 대안을 제시하는가?
● 업무 시 발생할 다양한 상황에 대한 대처능력이 있는가?
● 어려운 상황에 직면했을 때, 끈기와 근성으로 문제를 해결할 수 있는 역량을 가지고 있는가?

124 | 면접의 정석

면접관의 숨은 의도
질문의 이면에 숨겨진 면접관의 의도를 담았습니다.
의도를 읽고 답변한다면 좋은 평가를 받을 수 있습니다.

답변 전략

면접 답변에 최적화된 3단계 절차를 기재하였습니다. 3단계 절차에 따라 답변을 연습한다면 자연스러운 면접 답변 스토리를 익힐 수 있습니다.

🔍 **답변 전략**

STEP 1 경험한 상황과 문제의 핵심을 말해 주십시오.

STEP 2 이를 해결하기 위해 노력한 과정을 설명합니다.

STEP 3 경험의 결과를 말합니다.

🔍 **답변 예시**

발표능력은 학교나 직장에서 중요한 능력이라고 생각합니다. 하지만 저는 예전에 대중 앞에서 발표하는 것에 상당한 부담을 느껴 자신감이 없었습니다. 졸업하기 전까지 극복하겠다는 목표를 세웠고, 제가 만든 자료를 훌륭하게 발표하여 사람들에게 인정받고자 노력했습니다.
우선 저는 무작정 백화점 과일 판매 아르바이트에 지원하여 일할 기회를 얻었습니다. 처음에는 다른 선배들의 뛰어난 말솜씨와 성량, 자신감에 압도되어 과연 제가 할 수 있을지 의문까지 들었습니다. 쉬는 날도 선배들을 관찰하고 옆에서 조금씩 목소리를 내 보았고, 혼자서 대본을 짜놓고 매일같이 거울 앞에서 큰 소리로 연습을 하였습니다. 그러자 시간이 갈수록 점차 자신감이 생겼고, 성량도 커져 가는 걸 느꼈습니다.
이런 노력 덕분인지 이후 학교 수업에서의 발표가 부담스럽지 않고 즐겁게 느껴졌고, 개인 과제는 물론 팀 과제에서도 발표를 도맡아 할 정도로 성장하게 되었습니다.

🔍 **전문가의 Tip**

지원자가 힘들어하는 상황과 이에 대처하는 능력을 보기 위한 질문입니다. 답변의 핵심은 상황에 대한 어려움보다는 상황을 극복하는 과정에 초점을 맞추어야 합니다. 이를 통해 지원자의 장점을 엿볼 수 있으며, 지원 직무와의 적합성을 판단하게 됩니다.

PART 04 합격하는 면접은 어떻게 말하는 것인가? | 125

답변 예시

3단계 절차대로 답변한 예시입니다. 정답은 아니지만 면접관들이 선호하는 답변에 가까운 내용입니다. 예시 답변을 분석해 보고 자신의 경험과 사례를 적용하여 자신만의 답변을 만들어 보시기 바랍니다.

전문가의 Tip

지난 17년간의 채용 경험과 면접관 경험을 통해 응축한 면접 답변의 핵심 기술입니다. 나만의 차별화된 답변을 구성하는 데 도움이 될 것입니다.

면접질문 101 합격 플래너

면접질문에 대한 답변을 클리어했다면 'O'을 작성합니다.

의사소통능력 01	의사소통능력 02	의사소통능력 03	의사소통능력 04	의사소통능력 05
의사소통능력 06	의사소통능력 07	의사소통능력 08	의사소통능력 09	의사소통능력 10
의사소통능력 11	의사소통능력 12	수리능력 13	수리능력 14	수리능력 15
수리능력 16	문제해결능력 17	문제해결능력 18	문제해결능력 19	문제해결능력 20
문제해결능력 21	문제해결능력 22	문제해결능력 23	문제해결능력 24	문제해결능력 25
자기개발능력 26	자기개발능력 27	자기개발능력 28	자기개발능력 29	자기개발능력 30
자기개발능력 31	자기개발능력 32	자기개발능력 33	자기개발능력 34	자기개발능력 35
자기개발능력 36	자기개발능력 37	자기개발능력 38	자기개발능력 39	자기개발능력 40
자기개발능력 41	자기개발능력 42	자기개발능력 43	자기개발능력 44	자기개발능력 45
자기개발능력 46	대인관계능력 47	대인관계능력 48	대인관계능력 49	대인관계능력 50

대인관계능력 51	대인관계능력 52	대인관계능력 53	대인관계능력 54	대인관계능력 55
대인관계능력 56	대인관계능력 57	대인관계능력 58	대인관계능력 59	대인관계능력 60
대인관계능력 61	대인관계능력 62	정보능력 63	정보능력 64	정보능력 65
정보능력 66	기술능력 67	기술능력 68	기술능력 69	기술능력 70
기술능력 71	기술능력 72	조직이해능력 73	조직이해능력 74	조직이해능력 75
조직이해능력 76	조직이해능력 77	조직이해능력 78	조직이해능력 79	조직이해능력 80
조직이해능력 81	조직이해능력 82	조직이해능력 83	조직이해능력 84	조직이해능력 85
조직이해능력 86	조직이해능력 87	직업윤리 88	직업윤리 89	직업윤리 90
직업윤리 91	직업윤리 92	직업윤리 93	직업윤리 94	직업윤리 95
직업윤리 96	직업윤리 97	직업윤리 98	직업윤리 99	기타질문 100
기타질문 101				

CHAPTER 01

역 량 별 면 접 답 변 전 략

의사소통능력

01
Chapter

의사소통능력

의사소통능력이란 두 사람 또는 그 이상의 사람들이 정보, 감정, 가치관, 의견 등을 전달하고 그것들을 받아들이는 상호작용능력을 의미합니다.

- 사회생활에서 원만한 인간관계를 유지하고, 업무 성과를 높이기 위해 공통적으로 의사소통능력이 요구됩니다.
- 의사소통능력이란 문서를 읽고 이해하거나, 상대방의 말을 듣고 의미를 파악하여, 자신의 의사를 정확하게 표현하는 능력을 의미합니다.
- 간단한 외국어 자료를 읽거나 외국인과의 간단한 의사 표시를 하는 능력까지 포함합니다.

➡ 의사소통능력 하위능력

문서이해능력	직장생활에서 필요한 문서를 확인하고, 읽고, 내용을 이해하여 업무수행에 필요한 요점을 파악하는 능력
경청능력	다른 사람의 말을 주의 깊게 듣고 이해하며, 공감과 적절한 반응을 표현하는 능력
의사표현능력	자기가 뜻한 바를 언어 또는 비언어적 행동을 통해 효과적으로 전달하는 능력
기초 외국어 능력	업무와 관련하여 외국인과 간단하게 대화하거나 외국어로 된 자료를 읽고 해석할 수 있는 능력

의사소통능력은 직장생활에서 문서를 읽거나 상대방의 말을 듣고 의미를 파악하고, 자신의 의사를 정확하게 표현하고, 간단한 외국어 자료를 읽거나 외국인의 간단한 의사표시를 이해하는 능력으로 직장생활에서 가장 중요하고 기본이 되는 능력입니다.

의사소통능력의 면접질문은 다음과 같은 주요 point로 평가하게 됩니다.

- 상대방과 대화 시 상호이해 및 교류를 하고 있는가?
- 업무 수행 중 필요한 문서에 대한 이해 및 요약 능력이 있는가?
- 업무 수행에서 목적과 상황에 적합한 아이디어와 정보를 문서로 작성할 수 있는가?
- 업무 중 발생한 문제 해결을 위해 필요한 문서를 논리적으로 작성하는 능력이 있는가?
- 고객이나 직장동료의 이야기를 듣고 종합, 요약하는 능력이 있는가?
- 상대방이 이해하기 쉽게 의사를 표현하는 능력이 있는가?
- 목적과 상황에 맞는 언어와 비언어적 행동을 통해 효과적으로 전달할 수 있는가?
- 외국어로 자신감 있게 자신의 주장을 말과 글로 전달할 수 있는가?
- 국제화, 세계화 경영환경에 적응할 수 있는 감각과 의사소통 능력을 갖추고 있는가?
- 면접 시 다른 사람의 말을 주의 깊게 듣고 적절하게 반응할 수 있는가?
- 면접 시 면접질문을 이해하고 자신의 이야기를 논리적이고 창의적으로 답변하는가?

KEYWORDS

경청, 설득, 발표, 토론, 의견조율, 의사표현, 문서작성, 외국어, 의사소통 저해요인

의사소통능력 수준을 스스로 알아볼 수 있는 체크리스트입니다.

본인의 평소 행동을 생각해 보고, 행동과 일치하는 것에 체크해 보시기 바랍니다.

No	문항	그렇지 않은 편이다	그저 그렇다	그런 편이다
1	나는 의사소통능력의 종류를 설명할 수 있습니다.	1	2	3
2	나는 의사소통의 중요성을 설명할 수 있습니다.	1	2	3
3	나는 의사소통의 저해요인에 대하여 설명할 수 있습니다.	1	2	3
4	나는 효과적인 의사소통개발 방법을 설명할 수 있습니다.	1	2	3
5	나는 문서이해의 개념 및 특성에 대하여 설명할 수 있습니다.	1	2	3
6	나는 문서이해의 중요성에 대하여 설명할 수 있습니다.	1	2	3
7	나는 문서이해의 구체적인 절차와 원리를 설명할 수 있습니다.	1	2	3
8	나는 문서를 통한 정보 획득 및 종합 방법을 설명할 수 있습니다.	1	2	3
9	나는 체계적인 문서작성의 개념 및 중요성을 설명할 수 있습니다.	1	2	3
10	나는 목적과 상황에 맞는 문서의 종류와 유형을 설명할 수 있습니다.	1	2	3
11	나는 문서작성의 구체적인 절차와 원리를 설명할 수 있습니다.	1	2	3
12	나는 문서작성에서 효과적인 시각적 표현과 연출방법을 알고 있습니다.	1	2	3
13	나는 경청의 개념 및 중요성을 설명할 수 있습니다.	1	2	3
14	나는 경청을 통해 상대방 의견의 핵심내용을 파악할 수 있습니다.	1	2	3
15	나는 올바른 경청을 방해하는 요인들과 고쳐야 할 습관을 알고 있습니다.	1	2	3
16	나는 대상과 상황에 따른 경청법을 설명할 수 있습니다.	1	2	3
17	나는 정확한 의사표현의 중요성을 설명할 수 있습니다.	1	2	3
18	나는 원활한 의사표현의 방해요인을 알고, 관리할 수 있습니다.	1	2	3
19	나는 논리적이고 설득력 있는 의사표현의 기본요소 및 특성을 알고 있습니다.	1	2	3
20	나는 기초외국어능력의 개념 및 중요성과 필요성을 설명할 수 있습니다.	1	2	3
21	나는 비언어적 기초외국어 의사표현에 대해 설명할 수 있습니다.	1	2	3
22	나는 기초외국어능력 향상을 위한 교육방법을 설명할 수 있습니다.	1	2	3

• 1~4 : 의사소통능력 · 5~8 : 문서이해능력 · 9~12 : 문서작성능력

• 13~16 : 경청능력 · 17~19 : 의사표현능력 · 20~22 : 기초외국어능력

문서이해능력

★ ★ ★ ★ ★

01

최근에 읽은 책은 무엇입니까?
내용을 간략하게 요약하고, 기억에 남는 구절을 말해 보세요.

Q 유사 질문

○ 최근에 읽은 책 중에 감명 깊게 읽은 책을 요약하여 말해 보세요.

○ 최근에 읽은 책이 무엇입니까?

○ 최근 나온 책 중에서 좋은 책을 추천한다면?

○ 재미있게 읽은 책은 무엇입니까?

○ 평생 읽은 책 중 감명받은 책은 무엇입니까?

면접관의 숨은 의도

● 책의 내용을 이해하기 쉽도록 종합, 요약하였는가?

● 자신의 관심분야와 가치관이 잘 드러나는 책인가?

● 책을 선택한 목적과 느낀 점, 배운 점 등이 조직이 추구하는 인재상과 부합하는가?

STEP 1 ▶ 최근에 읽은 책의 이름과 책을 선택하게 된 이유 혹은 목적을 이야기합니다.

STEP 2 ▶ 책의 내용을 간략히 요약하고, 기억에 남는 구절을 설명합니다.

STEP 3 ▶ 책을 통해 느낀 점이나 배운 점이 있다면 이야기합니다.

Q 답변 예시

저는 ○○작가가 쓴 ○○○○이라는 책을 감명 깊게 읽었습니다. 평소 실행력이 부족하여 실천하는 힘을 키우고자 이 책을 읽게 되었습니다. 이 책의 핵심은 일단 해보고 안 되면 다시 한다였는데, 그중 '틈이 있어야 못을 치는 것이 아니라, 못을 쳐야 틈이 생긴다'라는 구절이 인상적이었습니다. 이를 통해 될까?를 고민하는 사람이 아니라, 된다라는 생각으로 실천하고 행동하는 것의 중요성을 깨달았습니다. 이런 점을 잊지 않고, 조직 생활을 해나가면서 생각과 말뿐만 아니라 행동과 실천의 힘을 가진 인재로 성장해 가겠습니다.

Q 전문가의 Tip

책의 내용이 궁금한 것이 아니므로, 책의 줄거리는 간략히(1~2줄 정도) 정리하여 말하는 것이 좋습니다. 이후 자신이 책을 통해 느낀 점을 지원하는 기업의 인재상과 부합되게 표현한다면 일석이조의 면접 효과를 볼 수 있습니다.

문서작성능력

★★★★★

02

글 또는 문서로 다른 사람을 설득시킨 경험이 있나요?
어떤 점이 가장 힘들었나요?

Q 유사 질문

○ 다른 사람을 설득시킨 경험을 말해 보세요.

○ 남을 설득시키는 자신만의 방법이 있다면 무엇인가요?

○ 반대입장이나 기득권의 주장을 설득시킨 경험을 말해 보세요.

○ 프레젠테이션으로 다른 사람을 설득시킨 경험이 있나요?

○ 자신의 문서작성능력을 향상시킨 구체적인 경험이 있습니까?

면접관의 숨은 의도

● 글과 문서에 대한 이해 및 종합 능력이 있는가?

● 상대방의 관점에서 효과적인 글이나 문서였는가?

● 자신의 의견을 명확하고 설득력 있게 표현, 전달하는가?

● 문제 해결을 위해 필요한 문서를 논리적으로 작성하는 능력이 있는가?

● 상대방을 설득할 때, 사실과 정보에 근거해서 논리적으로 주장하였는가?

STEP 1 ▶ 글 또는 문서로 남을 설득시킨 상황을 설명합니다.

STEP 2 ▶ 설득 과정에서 내가 활용한 설득 전략이나 방법을 이야기합니다.

STEP 3 ▶ 이를 통해 배운 점을 말합니다.

Q 답변 예시

대학 1학년 때, 리포트 과제에서 평균 점수보다 낮은 C 학점을 받게 되어 고민했던 경험이 있습니다.

낮은 점수의 원인은 설득력이 부족다는 이유였습니다. 이러한 부분을 개선하기 위해 교수님과 선배님들께 리포트 작성 방법에 대한 조언을 듣고, A 학점을 받은 리포트를 보면서 차이점을 분석하였습니다. 그 결과 우수한 리포트에는 단순히 정보가 나열되어 있는 것이 아니라 설득력 있는 구조로 배열되어 있다는 점을 깨달을 수 있었습니다. 내가 말하고 싶은 순서가 아니라 상대방이 궁금해 하는 순서에 맞게 내용을 구성하는 것의 중요성을 배웠습니다. 이런 경험을 통해 향후 조직에서 문서를 작성할 때 상대방이 알고 싶어 하는 부분이나 의도를 확인하고 문서를 쓰기 위해 노력하는 사람이 되겠습니다.

Q 전문가의 Tip

조직 구성원들과 소통하기 위한 방법으로 글과 문서는 매우 중요한 수단입니다. 면접관은 지원자가 입사한다면 글이나 문서로 구성원들과 문제 없이 소통할 수 있는지를 알고 싶어 합니다.

추가적으로, 설득력 높은 글이나 문서에는〈결론 – 이유 – 근거〉,〈문제 – 원인 – 해결〉구조로 구성되는 경우가 많으니, 이런 구조를 알고 있거나, 평소 문서 작성에 활용한다는 점을 어필해도 좋습니다.

경청능력

★ ★

03

평소 상대의 이야기를 들을 때 가장 중요하게 생각하는 것은 무엇인가요?

Q 유사 질문

○ 귀하는 말을 들어주는 편인가요? 아니면 주로 말을 하는 편인가요?

○ 경청에서 자신이 가장 중요하게 생각하는 것은 무엇인가요?

○ 경청의 정의에 대해 말해 보세요.

면접관의 숨은 의도

● 경청의 자세와 공감하는 태도를 가지고 있는가?

● 다른 사람의 말을 주의 깊게 듣고 적절하게 반응하는가?

● 상대방의 이야기를 듣고 의도를 정확하게 파악하는 능력이 있는가?

● 고객이나 동료의 이야기를 듣고 종합, 요약하는 능력이 있는가?

Q 답변 전략

STEP 1	경청 시 자신이 중요하게 생각하는 핵심이나 태도를 제시합니다.
STEP 2	그렇게 생각하는 이유와 사례를 설명합니다.
STEP 3	이를 통해 배운 점이나 느낀 점을 말합니다.

Q 답변 예시

상대방의 생각과 감정을 이해하는 〈공감〉을 가장 중요하게 생각합니다. 제가 생각하는 〈공감〉은 상대가 말하고자 하는 목적, 상황, 기분 등을 고려해 이야기 당사자의 입장으로 듣는 것입니다. 얼마 전 진로 문제로 부모님과 갈등을 겪고 있는 친구의 이야기를 다 듣고 나서, '나도 그렇게 했을 것 같다'라는 진심 어린 공감을 해주었더니, 문제가 해결된 것도 아닌데 '정말 고맙다'는 말을 들을 수 있었습니다.
입사하게 된다면 상대방의 말을 이해하는 것만이 아닌, 〈공감〉까지 할 수 있는 신입사원이 되겠습니다.

Q 전문가의 Tip

경청의 사전적 의미는 '상대의 말을 듣기만 하는 것이 아니라, 그 내면에 깔려 있는 동기나 정서를 귀 기울여 듣고 이해한 것으로 상대방에게 피드백(feedback)해 주는 것'입니다. 이 질문의 핵심은 단순히 잘 듣는가를 묻고 있는 것이 아닙니다. 경청의 진정한 의미를 알고, 경청하는 자신만의 태도가 무엇인지 사례로 답하는 것이 중요합니다.

경청능력

★

04

다른 사람의 말을 끝까지 경청하여 좋은 결과를 얻었던 경험을 말해 보세요.

🔍 유사 질문

○ 경청하지 않아 나쁜 결과를 얻은 경험이 있다면 말해 보세요.

○ 주위 사람 중 경청하지 않는 사람은 어떤 사람인가요?

○ 귀하는 말을 들어주는 편인가요? 아니면 주로 말을 하는 편인가요?

○ 경청에서 자신이 가장 중요하게 생각하는 것은 무엇인가요?

○ 경청의 정의에 대해 말해 보세요.

면접관의 숨은 의도

● 경청의 자세와 공감하는 태도를 가지고 있는가?

● 고객이나 직장동료의 이야기를 듣고 종합, 요약하는 능력이 있는가?

● 상대방의 이야기를 듣고 의도를 정확하게 파악하는 능력이 있는가?

● 직무역량과 관련된 의사소통능력이 있는가?

● 다른 사람의 말을 주의 깊게 듣고 적절하게 반응하는가?

STEP 1 ▸ 끝까지 경청하여 좋은 결과를 얻게 된 상황을 간략히 설명합니다.

STEP 2 ▸ 좋은 결과를 얻게 된 이유를 말합니다.

STEP 3 ▸ 이를 통해 느낀 점과 배운 점 또는 긍정적인 효과에 대해 말합니다.

Q 답변 예시

친구와 다툼이 있거나 논쟁하는 경우 말을 먼저 하기보다 상대방의 이야기를 경청하여 관계가 더 좋아진 경험이 있습니다.

감정이 격해졌을 때 나오는 말은 이성적이지 않고 상대방에게 상처를 주기 때문에 다시 회복할 수 없는 관계로 악화된다는 것을 경험해 보았기에 더 현명하게 대처할 수 있었습니다.

이후 저는 다툼이나 논쟁이 있는 경우 상대방의 이야기를 먼저 들은 뒤, 생각하는 시간을 갖고 말하는 습관을 가지게 되었습니다. 이를 통해 관계가 더 돈독해지고 서로 간에 신뢰가 생기게 되었습니다.

Q 전문가의 Tip

조직 내 가장 중요한 능력 중 하나가 바로 경청입니다. 이 질문의 핵심은 상대방의 이야기를 주의 깊게 듣고 공감하는 능력을 가지고 있는 자신만의 사례를 이야기하는 것이 중요합니다.

의사표현능력

★★★★★

05

자신의 생각을 다른 사람에게 효과적으로 설득시킨 경험을 말해 보세요.

Q 유사 질문

○ 다른 사람을 설득시킨 경험을 말해 보세요.

○ 남을 설득시키는 자신만의 방법이 있다면?

○ 반대입장이나 기득권의 주장을 설득시킨 경험을 말해 보세요.

○ 말이 통하지 않는 상대를 설득했던 경험에 대해서 말해 보세요.

○ 살면서 누군가를 설득해 본 경험이 있다면 말해 보세요.

(추가질문 · 어떤 방법으로 설득했는가? 설득당한 경험이 있는가?)

면접관의 숨은 의도

● 자신과 견해가 다른 상대방의 의견을 수용하고 존중하는가?

● 자신의 의견을 명확하고 설득력 있게 전달하는가?

● 감정이 아닌 이성적 주장을 논리적으로 제시하는가?

● 조직의 의사소통 역량과 부합하는가?

● 의견 차이의 원인이 무엇인지 명확하게 파악하고 있는가?

● 서로 다른 두 의견을 객관적으로 평가하고 있는가?

STEP 1 ▶ 효과적으로 설득시킨 경험을 요약하여 말합니다.

STEP 2 ▶ 좋은 결과를 얻게 된 이유 또는 설득의 과정을 설명합니다.

STEP 3 ▶ 이를 통해 느낀 점과 배운 점을 말합니다.

Q 답변 예시

대학시절 ○○ 공연을 준비하는 과정에서 많은 갈등을 겪었습니다. 팀원들 사이에서 공연 주제에 대한 의견 차이가 있었고 언성이 높아지기도 하였습니다. 공연을 하지 말자는 의견이 많아질 정도로 상황이 악화되었습니다. 이런 상황에서 저는 우선 팀원들의 이야기를 듣고 공연을 준비하면서 겪었던 어려움에 공감했습니다. 그리고 나서 공연을 진행함으로써 얻을 수 있는 여러 가지 효과를 강조하였습니다. 팀원들의 협력을 이끌어냄으로써 어렵고 힘들었던 과정을 극복하고 좋은 결과를 얻기 위해 노력하였습니다. 그 결과 공연을 성공적으로 마칠 수 있었고, 공연을 통한 수익금은 물론 공연의 의미와 관객들의 만족이 더 큰 뿌듯함으로 다가왔습니다.

설득은 곧 상대방이 얻을 수 있는 긍정적인 이익에 대해 전달함으로써 가능하다고 생각합니다. 회사에서 상대방을 설득하기 위해 상대방의 입장과 상황을 이해하고, 얻을 수 있는 이익들을 고민하여 말한다면 설득하지 못할 일은 없다는 것을 깨달았습니다.

Q 전문가의 Tip

회사는 다양한 사람들이 모인 공간이고, 저마다의 경험과 가치관이 다르기 때문에 필연 의견 차이나 갈등이 발생하게 됩니다. 이런 차이나 갈등을 어떻게 받아들이고 대응하는지를 확인하기 위한 질문입니다. 이때, 일방적으로 자신의 의견을 관철시키기 위한 노력보다 상대방의 입장을 이해하고 그들의 의견을 수용하는 노력을 강조하는 것이 중요합니다. 또한 상대방을 설득하기 위해 타당한 이유와 구체적인 근거를 들어 설득한 경험을 이야기하면 좋습니다.

의사표현능력

★★★★

06

불만을 이야기한 상대방에게 본인이 직접 소통하여 해결한 경험을 말해 주세요.

 유사 질문

○ 고객의 불만을 해결한 경험이 있다면 말씀해 주시기 바랍니다.

○ 고령의 고객에게 최신 기술이나 제품에 대해 설명한 경험이 있다면 말씀해 주시기 바랍니다.

○ 고객의 의견이나 요구사항을 접수하고 조율했던 경험이 있다면 말씀해 주시기 바랍니다.

면접관의 숨은 의도

● 문제의 원인이 무엇인지 명확하게 파악하고 있는가?

● 자신과 견해가 다른 상대방의 의견을 수용하고 존중하는가?

● 상대방의 이야기를 듣고 종합 · 요약하는 능력이 있는가?

● 상대방이 이해하기 쉽게 의사를 표현하는 능력이 있는가?

● 문제해결을 위해 논리적으로 사고하고 판단하는가?

STEP 1 ▶ 불만을 들었던 상황을 요약하여 이야기합니다.

STEP 2 ▶ 이를 해결한 경험을 말합니다.

STEP 3 ▶ 결과를 통해 느낀 점과 직무에 적용할 방법을 말합니다.

Q 답변 예시

○○편의점 아르바이트에서 불만을 이야기한 고객에게 경청의 자세와 침착한 대응을 통해 문제를 해결한 경험이 있습니다. 화가 난 고객에게 단순히 진정해라고 하는 것은 해결 방법이 아님을 깨달았습니다. 왜 불만을 표출하게 되었는지에 대한 이유를 듣는 과정에서, 상대방이 진정 원하는 것은 감정적인 이해라는 것을 알게 되었습니다.

이를 통해, 겉으로 드러난 문제의 현상보다 문제의 원인이 무엇인지 파악하고 이를 근본적으로 해결하는 것이 더 중요하다는 사실을 배울 수 있었습니다.

Q 전문가의 Tip

회사에서 일하다 보면 직/간접적으로 고객을 상대하는 경험이 많습니다. 이때 발생할 수 있는 고객 불만에 대한 대응 능력을 확인하기 위한 질문입니다. 질문에 대한 답변의 순서는 공감 → 핵심 → 간결로 하는 것이 좋습니다. 먼저 고객의 경험과 상황에 대해 공감하는 화법을 구사해야 합니다. 이것만으로도 고객의 불만은 다소 해소될 수 있습니다. 다음으로, 고객이 경험한 문제의 핵심과 원인을 정확하게 파악한 후, 마지막으로 고객이 수용할 만한 대안을 쉽고 간결한 표현으로 제시하면 됩니다.

의사표현능력

★ ★ ★ ★

07

상사와 의견이 다를 때 어떻게 하겠습니까?

Q **유사 질문**

○ 상사의 지시와 자신의 견해가 다를 경우 어떻게 하겠습니까?

○ 상사와 의견충돌이 있을 때 어떻게 하겠습니까?

○ 자신의 아이디어를 상사와 윗사람이 무시하면 어떻게 할 생각입니까?

○ 회의 진행 시 동료가 (또는 다른 부서) 나와 의견이 다르다면 어떻게 하겠습니까?

면접관의 숨은 의도

● 견해가 다른 상대방의 의견을 공감하고 존중하는가?

● 상대방의 의도를 정확히 파악하고 논리적으로 표현하는 능력이 있는가?

● 직장생활에 필요한 비즈니스 예절을 갖추고 있는가?

● 조직의 절차와 체계에 순응하는 성향을 지녔는가?

STEP 1 상대방과 의견이 다를 때 자신이 취하는 행동을 설명합니다.

STEP 2 그렇게 행동하는 이유를 설명하고 관련된 경험이 있다면 제시합니다.

STEP 3 기타 다른 생각이나 대안이 있다면 이야기합니다.

Q 답변 예시

상사의 의견을 먼저 듣도록 하겠습니다.

그런 후 저의 생각이 상사의 의견과 다르다면 상사의 의견을 존중하고 개인적으로 조금 더 깊게 생각해 보겠습니다. 하지만 실무자로서 갖고 있는 아이디어나 의견을 개진하는 것도 당연히 저의 역할이라고 생각하기에 저의 의견도 적극적으로 개진하겠습니다. 그럼에도 불구하고 상사의 의견이 확고하다면 그 의견을 따르는 것이 조직을 위해 더 바람직하다고 생각합니다.

Q 전문가의 Tip

업무를 하다 보면 상사와 의견이 다른 경우가 자주 발생하고, 보통은 업무 경험이 많거나 정보력이 뛰어난 상사의 의견이 옳은 경우가 많습니다. 하지만 그렇다고 해서 상사의 의견을 맹목적으로 수용하거나 무조건적으로 따르는 것은 옳지 않습니다. 실무자로서 철저한 준비와 논리력을 갖춰서 자신의 의견을 피력해야 할 필요성이 있습니다. 이때 선 인정, 후 주장의 순서가 좋습니다. 먼저 상사의 의견을 충분히 듣고 수용한 후, 자신의 주장을 논리적으로 말해야 합니다.

의사표현능력
★ ★ ★

08

다른 사람과 의사소통할 때 가장 중요한 것은 무엇이라고 생각하나요?

Q **유사 질문**

○ 자신의 커뮤니케이션 능력(의사소통력)에 대해 설명해 보세요.

○ 평소에 다른 사람들과 의사소통은 어떻게 하는 편입니까?

○ 커뮤니케이션을 하는 나만의 스킬이 있다면?

○ 의사소통에서의 핵심은?

○ 의사소통을 잘하여 시너지(성과)를 낸 경험에 대해 말해 보세요.

○ 조직 내에서 커뮤니케이션늘 살 할 수 있는 **방법**을 말해 보세요.

○ 본인이 생각하는 의사소통능력의 핵심(강점)은 무엇인가요? 그렇게 생각하는 이유와 실제로 발휘했던 경험을 말해 보세요.

면접관의 숨은 의도

● 자신의 의사를 명확히 전달하여 상대방을 이해시키는가?

● 적절한 사례로 핵심(강점)을 뒷받침하는가?

● 조직의 의사소통 역량과 부합하는가?

● 자신과 견해가 다른 상대방의 의견에 공감하고 존중하는가?

● 상대방의 의도를 정확히 파악하고 이해하기 쉽게 의사를 표현하는 능력이 있는가?

STEP 1 ▶ 자신이 생각하는 의사소통의 핵심을 제시합니다.

STEP 2 ▶ 왜 그렇게 생각하는지 이유를 말합니다.

STEP 3 ▶ 이를 업무나 직무에 연결하여 설명합니다.

Q 답변 예시

의사소통에서 가장 중요한 것은 간결함이라고 생각합니다. 어떤 주장을 할 때 핵심을 모르면 말이 길어지고 중언부언하는 경우가 많습니다. 내 자신조차 이해되지 않았기 때문입니다. 이렇게 말하면 상대방은 내 말을 이해하기 어렵고, 이해하기 위해 스트레스를 받을 수밖에 없습니다. 상대방에 대한 배려가 생략된 소통 방식이라고 생각합니다.

향후 입사하게 된다면 말을 하기 전에 핵심이 뭔지 정확하게 파악하고 간결하고 정확하게 말하는 습관을 가지도록 하겠습니다.

Q 전문가의 Tip

회사는 다른 사람들과 함께 일하는 곳입니다. 이때 가장 중요한 것은 소통입니다. 자신의 의견을 전달하고 설득하기 위해서는 상대방이 원하는 내용이 뭔지 핵심을 정확하게 파악하고 간결하면서도 정확하게 말하는 것이 중요합니다.

의사표현능력

★ ★ ★

09

여러 사람을 대상으로
자신의 의견을 말하고, 공감을 이끌어 냈던 경험을 말해 주세요.

🔍 유사 질문

○ 자신의 커뮤니케이션 능력(의사소통력)에 대해 설명해 보세요.

○ 평소에 다른 사람들과 의사소통은 어떻게 하는 편입니까?

○ 의사소통을 잘해서 시너지(성과)를 낸 경험에 대해 말해 보세요.

○ 조직 내에서 커뮤니케이션을 잘 할 수 있는 방법을 말해 보세요.

○ 팀 과제나 다수와 일했던 경험 중에 구성원들과 다른 생각을 가지고 있었지만, 타인의 의견을
수용하고 함께 일을 수행했던 경험이 있나요?

면접관의 숨은 의도

● 자신과 견해가 다른 상대방의 의견을 공감하고 존중하는가?

● 상대방의 의도를 정확히 파악하고 이해하기 쉽게 의사를 표현하는 능력이 있는가?

● 공감을 이끌어 내는 과정과 근거가 명확한가?

● 타인의 공감을 얻을 수 있는 참신한 방법을 제시하였는가?

● 의견을 설득함에 있어서 공감을 이끌어내기 위해 타인의 입장을 고려하였는가?

● 일방적인 설득보다는 공감을 통한 설득의 중요성을 이해하고 있는가?

STEP 1 ▶ 공감을 이끌어 낸 경험을 요약하여 제시합니다.

STEP 2 ▶ 좋은 결과를 얻을 수 있었던 이유를 설명합니다.

STEP 3 ▶ 이를 통해 느낀 점과 배운 점을 말합니다.

Q 답변 예시

대학시절 조별 활동을 하면서, 타인의 공감을 이끌어 내는 것의 중요성을 깨달은 적이 있습니다. 발표 주제를 놓고 팀원들과 갈등이 빚어졌는데, 서로 자기 주장을 앞세우기만 해서 의견차가 좁혀지지 않았습니다. 그래서 저는 저의 주장을 내세우기 전에 우선 다른 사람들이 꺼낸 발표 주제에 대해 공감해 주고 인정해 주었습니다. 그러고 나서 제 주장을 조심스럽게 꺼냈습니다. 그랬더니 다른 사람들의 수용력이 올라가는 것을 느낄 수 있었습니다. 이를 통해 인정과 공감만으로도 의견차를 좁히고 갈등을 원만히 해결할 수 있다는 것을 배울 수 있었습니다.

Q 전문가의 Tip

업무를 수행하기 위해 상대방에게 의견을 명확하게 표현하고 전달하는 능력은 중요합니다. 그러나 상대방에게 의사를 전달할 때 배려와 공감이 부족한 경우가 많습니다. 답변의 핵심은 상대방의 공감을 이끌어 내는 과정을 구체적으로 어필하는 것이 좋습니다.

의사표현능력

★

10 단체생활에서 의사소통이 어려웠던 경험을 말해 보세요. 어떻게 극복하였나요?

Q 유사 질문

○ 단체생활에서 의사소통이 안 되었던 경험을 말해 보세요.

○ 조직생활을 할 때 의사소통이 어려웠던 경험을 말해 보세요. 어떻게 극복했습니까?

○ 의사소통이 잘 안 되어 일을 그르친 경우가 있다면 말해 보세요.

면접관의 숨은 의도

● 자신과 견해가 다른 상대방의 의견을 수용하고 존중하는가?

● 잘못된 점을 인지하고, 극복하기 위한 노력을 하였는가?

● 조직의 의사소통 역량과 부합하는가?

● 상황에 대한 정확하고, 객관적인 판단을 하고 있는가?

STEP 1 ▶ 소통이 어려웠던 상황을 간단히 요약하여 말합니다.

STEP 2 ▶ 문제와 해결방법을 구체적으로 설명합니다.

STEP 3 ▶ 이를 통해 깨닫거나 변화된 모습을 말합니다.

Q 답변 예시

학생회에서 예산을 담당했을 때 운영팀과의 입장 차이로 인한 소통에 문제가 있었습니다. 저는 양측 입장의 이해가 필요하다고 생각했으며, 이를 위해 예산관리를 기록한 저의 장부를 공개하며 원칙과 집행 기준을 설명하였습니다. 그리고 운영팀의 구입 리스트를 보며 예산 범위에서 꼭 필요한 것과 대체할 수 있는 것, 필요하지 않은 것을 협의하는 과정을 거쳤습니다. 문제에 대한 해결책을 제시하고 합의를 이끌었기 때문에 모두가 만족하는 행사가 진행될 수 있었습니다.

결국 소통의 문제는 각자가 가지는 입장 차이에서 비롯된다고 생각합니다. 공동의 목표를 위해 상대를 배려하고 이해하는 소통이야말로 좋은 해결책이라는 것을 배울 수 있었습니다.

Q 전문가의 Tip

의사표현능력은 자기가 뜻한 바를 말로 나타내는 능력을 말합니다. 자신의 의견을 전달할 때 개인보다 집단에 전달하는 것은 더 어렵습니다. 의사소통을 문제 없이 하기 위해서는 문제의 상황을 설명하고, 그 상황에 적절한 해결책을 이유와 근거를 통해 제시해야 합니다. 마지막으로 설득의 과정에 있어서 상대방의 입장과 상황에 대한 공감을 표명하는 것을 잊지 말아야 합니다.

기초외국어능력

★ ★ ★ ★ ★

11

자신 있는 외국어로 지원동기를 소개해 보세요.

(or 외국어로 자기소개를 해보세요)

Q 유사 질문

○ 자신 있는 외국어로 자신의 장점을 소개해 보세요.

○ 가능한 외국어가 있습니까?

○ 자신의 외국어 실력은 어떠합니까?

면접관의 숨은 의도

● 자신감 있게 외국어로 자신의 의사를 표현하고 있는가?

● 직무에 대한 차별화된 강점을 가지고 있는가?

● 지원 동기가 명확하게 드러났는가?

● 외국어로 자기가 뜻한 바를 말과 문서로 전달할 수 있는가?

● 조직에 적합한 어학능력 수준인가?

STEP 1 ▶ 자신 있는 외국어로 자신을 소개합니다.

STEP 2 ▶ 외국어 사용에 대한 자신의 장점과 역량을 강조합니다.

STEP 3 ▶ 이를 통해 업무역량이 탁월함을 말합니다.

Q 답변 예시

안녕하십니까? 지원자 ○○○입니다.

외국어(이하 영어) 이름은 ○○○입니다. 영어는 어릴 때부터 노래와 드라마를 통해 배우기 시작하여 자연스럽고 유창한 영어를 구사할 수 있게 되었습니다. 어학연수를 다녀오지 않았지만 ○○ 국가로의 교환학생 프로그램에서 외국인 친구들과 영어로 프로젝트를 진행한 경험이 많아 영어로 의사소통하고 글을 작성하는 데 자신이 있습니다.

입사한다면 영어로 관련된 전문적인 업무를 잘 할 자신이 있습니다.

Q 전문가의 Tip

외국계 회사에 지원하거나 해외 업무를 담당하는 직무에서 외국어 능력은 필수입니다. 예전에는 어학 점수나 자격증 여부 등으로 외국어 능력을 검증했으나, 최근에는 실질적인 외국어 활용 능력을 평가하고 있습니다. 몇 가지 예상 질문을 고민해 보고 사전에 철저하게 준비한 후에 대비하는 것이 좋습니다. 이때 외국어 실력만큼 중요한 것이 자신감 있는 태도입니다. 설령 외국어 실력이 부족하더라도 부끄러워하거나 소극적인 태도로 답변하는 것은 좋지 않습니다. 다소 부족하더라도 자신 있고 당당하게 말하는 것이 중요합니다.

기초외국어능력

★ ★ ★ ★

12

자신의 영어실력(어학실력)은 어느 정도입니까?

🔍 유사 질문

- ○ 영어는 얼마나 합니까?
- ○ 영어회화는 어느 정도인가? 영어로 듣고 말하는 데 어려움은 없는가?
- ○ 영어원서를 읽고 이해할 수 있는가?
- ○ 어학점수가 왜 이렇게 낮습니까? 이유는?
- ○ 어학연수도 다녀왔는데 영어성적이 좋지 않은 이유는?
- ○ 어학점수가 없는 이유는?

면접관의 숨은 의도

- ● 자신감 있게 외국어로 자신의 의사를 표현하고 있는가?
- ● 외국어로 자기가 뜻한 바를 말과 문서로 전달할 수 있는가?
- ● 국제화, 세계화 경영환경에 적응할 수 있는 국제적 감각과 국제무대에서 의사소통이 가능한가?
- ● 조직에 적합한 어학능력 수준인가?

STEP 1 ▶ 자신 있는 외국어가 무엇이며, 수준이 어느 정도인지 설명합니다.

STEP 2 ▶ 외국어 능력으로 어떤 업무를 할 수 있는지 말합니다.

STEP 3 ▶ 회사에 기여할 점을 강조합니다.

Q 답변 예시

외국어로는 영어와 일어에 자신이 있습니다.

영어는 2021년 토익점수 850점을 획득하였으며, 외국인과 유창하게 소통할 수 있으며, 메일과 문서를 작성할 수 있습니다. 일어는 어학시험을 보진 않았지만 일본인과 간단한 일상 대화를 10분 이상 나눌 수 있습니다.

외국어 능력을 향상시키기 위해 지속적으로 영화, 뉴스, 원서를 가까이하면서 수준 높은 언어 구사력과 비즈니스 외국어 능력을 갖추기 위해 노력하였습니다. 관련 업무에서 일할 기회가 주어진다면 누구보다 자신 있게 업무를 할 수 있습니다.

Q 전문가의 Tip

외국어로 업무를 수행해야 하는 직무에서 중요한 질문입니다. 단순히 외국어 자격증이나 평가점수를 나열하는 답변은 좋지 못합니다. 실제 비즈니스 외국어 능력(읽기, 쓰기, 말하기)을 활용한 경험사례를 이야기하는 것이 좋은 평가를 받을 수 있습니다.

CHAPTER 02

역량별면접답변전략

수리능력

02
Chapter

수리능력

수리능력은 직장생활에서 요구되는 사칙연산 능력과 자료(데이터)를 정리, 요약하여 의미를 파악하는 능력을 의미합니다. 또한 도표 등을 이용해서 합리적인 의사결정을 위한 객관적인 판단 근거를 제시하는 능력을 의미합니다.

- 모든 직업인들에게 공통적으로 요구되는 수리능력은 직장에서 업무를 수행하는 데 있어서 가장 중요한 능력 중에 하나입니다.
- 업무를 수행하다 보면 연산을 수행하며, 기초적인 통계기법을 사용하고 적절한 방법을 사용하여 의미 있는 자료를 만들어 내는 능력이 중요합니다.
- 직장 생활에서 도표의 의미를 파악하거나 도표를 이용해서 결과를 효과적으로 제시하는 수리능력의 함양은 필수적입니다.

◉ 의사소통능력 하위능력

기초연산능력	직장생활에서 필요한 기초적인 사칙연산과 계산방법을 이해하고 활용하는 능력
기초통계능력	직장생활에서 평균, 합계, 빈도와 같은 기초적인 통계기법을 활용하여 자료의 특성과 의미를 파악하는 능력
도표분석능력	도표(그림, 표, 그래프 등)가 가지는 의미를 파악하고, 필요한 정보를 해석하는 능력
도표작성능력	업무를 수행함에 있어 자기가 뜻한 바를 도표(그림, 표, 그래프 등)를 이용하여 작성하고 제시하는 능력

직장에서의 수리능력은 숫자를 이해하는 감각으로 정확하고 분석적인 업무 수행을 위해 필요한 핵심역량입니다. 이는 회계, 재무, 금융, 품질, 기획 등 숫자를 기본적으로 다루는 업무에서 특히 중요하며 기타 다른 업무에서도 중요한 능력이라고 할 수 있습니다.

수리능력의 면접질문은 다음과 같은 주요 point로 평가하게 됩니다.

● 업무수행에 필요한 연산, 통계 기본지식이 있는가?
● 업무수행에 필요한 기술(스킬, Tool)을 활용할 수 있는가?
● 업무수행에 필요한 다양한 도표를 이해하고 의미를 해석하는 능력이 있는가?
● 수학적 사고를 활용해서 결과의 오류를 수정하는 능력이 있는가?
● 기본적인 통계기법을 활용하고 결과를 검토 및 확인하는 능력이 있는가?
● 수학적 사고를 직무에 적용, 응용할 수 있는가?

KEYWORDS

수의 이해, 분석능력, 정확성, 사칙연산, 통계능력, 계산능력 수리능력 수준을 스스로 알아볼 수 있는 체크리스트입니다.

본인의 평소 행동을 생각해 보고, 행동과 일치하는 것에 체크해 보시기 바랍니다

No	문항	그렇지 않은 편이다	그저 그렇다	그런 편이다
1	나는 수리능력의 중요성을 설명할 수 있습니다.	1	2	3
2	나는 업무를 수행함에 있어서 수리능력이 활용되는 경우를 설명할 수 있습니다.	1	2	3
3	나는 업무수행과정에서 기본적인 통계를 활용할 수 있습니다.	1	2	3
4	나는 업무수행과정에서 도표를 읽고 해석할 수 있습니다.	1	2	3
5	나는 업무수행에 필요한 수의 개념, 단위 및 체제 등을 설명할 수 있습니다.	1	2	3
6	나는 사칙연산을 활용하여 업무수행에 필요한 계산을 수행할 수 있습니다.	1	2	3
7	나는 검산방법을 활용하여 연산결과의 오류를 확인할 수 있습니다.	1	2	3
8	나는 업무수행에 활용되는 기초적인 통계방법을 설명할 수 있습니다.	1	2	3
9	나는 업무수행과정에서 기본적인 통계자료를 읽고 해석할 수 있습니다.	1	2	3
10	나는 통계방법을 활용하여 업무수행에 필요한 자료를 제시할 수 있습니다.	1	2	3
11	나는 도표의 종류별 장단점을 설명할 수 있습니다.	1	2	3
12	나는 제시된 도표로부터 필요한 정보를 획득할 수 있습니다.	1	2	3
13	나는 제시된 도표를 비교·분석하여 업무에 적용할 수 있습니다.	1	2	3
14	나는 효과적인 도표 작성절차를 설명할 수 있습니다.	1	2	3
15	나는 도표를 활용하여 핵심내용을 강조할 수 있습니다.	1	2	3
16	나는 도표의 종류에 따른 효과적인 제시방법을 설명할 수 있습니다.	1	2	3

• 1~4 : 수리능력 •5~7 : 기초연산능력 •8~10 : 기초통계능력 • 11~13 : 도표분석능력 •14~16 : 도표작성능력

기초연산/통계능력

★ ★ ★

13

통계적 개념을 활용하여 자료를 발표하거나 분석한 경험을 말해 주세요.

Q 유사 질문

○ 조직(학교)생활 중 발생한 문제의 해결을 위해 간단한 통계분석기법을 사용하거나, 통계결과를
해석한 경험이 있다면 말씀해 주시기 바랍니다.

면접관의 숨은 의도

● 업무수행에 필요한 연산, 통계 기본지식이 있는가?
● 업무수행에 필요한 기술(통계툴)을 활용할 수 있는가?
● 통계기법을 활용하여 결과를 검토하는 능력이 있는가?
● 평균 및 중앙값, 표준편차를 구분하여 설명할 능력이 있는가?
● 간단한 통계기법을 활용하고 결과를 확인하는 능력이 있는가?
● 직무에 적용할 수 있는 능력인가?

STEP 1 ▶ 해당 경험의 내용 및 상황을 제시합니다.

STEP 2 ▶ 해당 활동에서 기울인 노력과 과정을 설명합니다.

STEP 3 ▶ 이를 통해 배운 점이나 개선할 점이 있다면 이야기합니다.

Q 답변 예시

○○부서에서 일하고 싶다는 생각을 가진 후, 관련된 통계적 지식과 경험을 쌓기 위해 노력했습니다.

첫째, ○○교육을 이수했습니다. 다양한 이론교육, 실습교육을 통해 통계 프로그램 활용 능력을 기르고, 직무에 대한 이해도를 높였습니다.

둘째, ○○직무는 통계적인 역량이 중요하기 때문에 6시그마 과정을 이수했습니다. 문제 해결을 위해 전략적, 논리적 개선안을 도출하는 과정을 배웠습니다.

셋째, 1년 동안 ○○동아리 활동을 하면서 동아리 회원들과 함께 ○○기법을 활용하여 연구 결과를 분석하였습니다.

이러한 경험을 통해 통계 활용 기술과 자료 분석 능력을 크게 증진할 수 있었고, ○○분야에 대해 더욱 깊이 탐구할 필요성을 느끼게 되었습니다.

Q 전문가의 Tip

이 질문은 수리능력의 기초 연산/통계 능력을 확인하는 질문입니다. IT 또는 연구직군 등 통계 관련 직군 등에서 나올 수 있는 질문이므로, 기본적인 연산과 통계 관련 지식이나 활용기술을 어필할 수 있도록 말하는 것이 중요합니다.

기초연산/통계능력

14

정확한 분석력(수리능력)을 바탕으로 문제상황을
효과적으로 해결했던 경험을 말해 주세요.

Q 유사 질문

○ 정확한 분석력(수리능력)을 바탕으로 나와 생각이 다른 사람을 설득한 경험이 있나요? (추가질문) 효과적으로 해결했다고 이야기할 수 있는 근거는 무엇인지 말해 주세요.

○ 복잡한 문제를 논리적이고 분석적으로 접근하여 해결했던 경험에 대해 말해 주세요.

면접관의 숨은 의도

● 문제해결을 위해 수리적 분석력을 발휘했던 경험인가?

● 업무수행에 필요한 연산, 통계 기본지식이 있는가?

● 업무수행에 필요한 기술(통계툴)을 활용할 수 있는가?

● 직무에 적용할 수 있는 능력인가?

STEP 1 ▶ 문제상황을 설명합니다.

STEP 2 ▶ 문제를 해결했던 과정(절차)을 순서대로 제시합니다.

STEP 3 ▶ 경험을 통해 배운 점이나 개선할 점이 있다면 이야기합니다.

Q 답변 예시

학내 논문 공모전에서 ○○지역 편의점 상권 분석이라는 프로젝트를 진행한 경험이 있습니다. 기존 연구에서 주를 이루었던 이론적이고 형식적인 분석보다는, 보다 현실적이고 정확한 상권분석이 필요하다는 문제의식으로 프로젝트를 진행했습니다.

이에 저는 통계적 분석과 현장 분석이 필요하다고 판단하여 직접 발로 뛰었습니다. 첫째, 통계청 자료와 해당 편의점 및 경쟁사의 정기 보고서를 조사 분석하였습니다. 둘째, ○○지역을 시간대별, 요일별로 수시 방문하여 현장에서 직접 유동인구를 확인하여 이를 수치화하였습니다.

통계적 분석 기법으로 수치화된 결과물과 현장에서 수집한 결과물을 통해 상권 분석을 진행함으로써 공모전에서 최우수상을 수상할 수 있었습니다.

Q 전문가의 Tip

이 질문은 수리능력의 기초 연산/통계 능력을 확인하는 질문입니다. 수리능력에 해당되는 통계, 연산 등의 지식과 기술적 측면을 강조해야 합니다.

기초연산/통계능력

15

문제해결과정에서 수학적 사고 기법을
활용하여 결과물을 창출한 경험에 대해 말해 주세요.

Q 유사 질문

○ 수리능력을 활용하여 업무(과제)를 효과적으로 수행한 경험이 있나요?

○ ○○ 수학의 이론에 대해 말해보세요.

○ ○○ 수학이론을 효과적으로 적용한 사례를 말해보세요.

면접관의 숨은 의도

● 업무수행에 필요한 연산, 통계 기본지식이 있는가?

● 업무수행에 필요한 기술(통계툴)을 활용할 수 있는가?

● 통계기법을 활용하여 결과를 검토하는 능력이 있는가?

● 문제해결을 위해 수리적 분석력을 발휘했던 경험인가?

● (직무적합성) 직무에 적용할 수 있는 능력인가?

STEP 1 ▶ 경험한 상황이나 내용을 설명합니다.

STEP 2 ▶ 경험의 과정과 자신이 기울인 노력을 이야기합니다.

STEP 3 ▶ 경험을 통해 배운 점이나 개선할 점이 있다면 이야기합니다.

Q 답변 예시

통신과 관련된 수학적 이론과 한계를 실제로 확인하고 검증해 본 경험이 있습니다.

실제 디지털 통신 시스템에 자주 쓰이는 길쌈 부호 중 하나인 비터비 복호 알고리즘을 직접 구현하는 학기말 과제가 있었습니다. 통신 시스템은 구현과 그 과정에서 실제 부호화를 통해 생기는 이득이나 이론적 이득의 한계를 직접 확인하는 것이 매우 중요합니다. C언어를 통해 구현하며 비터비 복호를 사용했을 때 성능이 대폭 개선 가능하지만 길이가 길어질수록 처리 시간이 대폭 증가하여 대용량 신호 처리에는 알맞지 않아 요즘에 잘 쓰이지 않는 것도 직관적으로 이해할 수 있었습니다.

몇 년 전만 해도 대다수가 사용하던 3G, 현재 4G 또한 이론적 연구가 끝난 지 오래된 기술이었으며, 5G 또한 새로운 이론이 아닌 기존의 이론을 활용한 기술입니다. 이를 통해 네트워크 엔지니어에게 가장 중요한 것은 기존 통신 이론을 확실히 이해하고 적용하는 것임을 깨달았으며, 네트워크 엔지니어로서 기본을 다지는 초석이 되었던 경험이었습니다.

Q 전문가의 Tip

업무 수행에 있어 필요한 계산능력과 백분율, 평균, 확률과 같은 통계 능력을 알아보고자 하는 질문입니다. IT, 연구직군, 통계 관련 직무에 나오는 질문이므로, 프로젝트 또는 연구에 대한 수행 경험과 관련 능력을 연관지어 이야기하는 것이 좋습니다.

도표작성/도표분석

16

효과적인 전달이나 이해 향상을 위해
도표나 그래프를 활용한 경험을 말해 보세요.

🔍 **유사 질문**

○ 추세를 보여주기 적합한 차트는 무엇인가요? 그 이유를 말해 보세요.
○ 도표나 그래프는 어떤 경우에 사용하는 게 효과적인가요?

면접관의 숨은 의도

● 업무수행에 필요한 다양한 도표를 이해하고 의미를 해석하는 능력이 있는가?
● 업무수행에 필요한 기술(통계툴)을 활용할 수 있는가?
● 다양한 도표를 사용하여 설득한 구체적 경험이 있는가?
● (직무적합성) 직무에 적용할 수 있는 능력인가?

STEP 1 ▶ 도표나 그래프를 활용했던 상황을 설명합니다.

STEP 2 ▶ 경험했던 과정(절차), 자신의 역할, 노력 등을 이야기합니다.

STEP 3 ▶ 경험의 결과와 느낀 점을 말합니다.

Q 답변 예시

창업동아리 활동을 하면서 ○○프로젝트를 진행했던 경험이 있습니다. 학업과 병행하여 시간은 부족하였지만 시제품 개발, 더 나아가 사업화까지 목표로 진행해 보고자 하였습니다.

이에 저는 첫째로 업무 효율을 높이는 방법을 찾아 시각적으로 정리했습니다. 업무의 우선순위, 업무의 스케줄, 구성원의 업무량, 담당업무, 업무 목표와 달성 진행도를 한눈에 보기 좋게 도표화하여 팀원들에게 공유하였습니다.

이는 주어진 시간을 효율적으로 배분하게 만들어 주었고, 구성원들이 모든 일을 능동적이고 효과적으로 처리할 수 있었습니다.

이를 통해 업무 수행 시 사전 업무내용과 스케줄을 도표화하고, 목표 달성 진척률을 그래프화한다면 효율적인 업무 수행과 목표 달성의 동기부여에 많은 영향을 줄 수 있다는 것을 느끼는 계기가 되었습니다.

Q 전문가의 Tip

도표 작성 및 분석 능력은 실적과 재고관리 직무에 중요한 역량입니다. 경험 사례에서 통계를 활용한 데이터 분석이나 도표 작성 및 활용 경험을 중심으로 답변하면 됩니다.

CHAPTER 03

역 량 별 면 접 답 변 전 략

문제해결능력

03
Chapter

문제해결능력

문제해결능력이란 업무를 수행함에 있어 문제상황이 발생하였을 경우, 문제를 명확하게 파악하고 창조적, 논리적 사고 등을 통해 최적의 대안을 찾아서 문제를 해결하는 능력입니다.

- 문제해결능력은 모든 직업인들이 공통적으로 지녀야 할 능력을 의미합니다.
- 급변하는 기업환경에서 새로운 문제를 신속히 발견하고 정확한 해결책을 창출할 수 있는 문제해결능력은 직장인의 필수 능력 중 하나입니다.
- 논리적이고 창조적인 사고를 통해 최적의 해결책을 찾고, 실행 과정을 지속적으로 모니터링하여 근본적으로 문제를 해결하는 능력을 반드시 키워야 합니다.

◎ 의사소통능력 하위능력

사고력	문제를 해결하기 위해서 창의적, 논리적, 비판적으로 생각하는 능력
문제처리능력	직장 생활에서 발생한 문제를 인식하고, 문제 해결 절차에 따라 대안을 제시, 적용하고 그 결과를 평가, 피드백하여 문제를 해결하는 능력

일상이든 직장이든 문제는 늘 존재합니다. 개인은 이러한 문제를 해결해 나가면서 성장 · 발전해 나갑니다. 문제의 유형에는 지금 당장 벌어진 문제, 개선이 필요한 문제, 그리고 미래에 발생할 문제가 있으며, 문제를 해결하기 위해서는 전략과 사고방식이 필요합니다.

문제해결능력 면접질문에는 다음과 같은 주요 point로 평가하게 됩니다.

- 직장생활에서 발생한 문제를 예상하고 의미와 영향을 명확히 설명하는 능력이 있는가?
- 발생(가능)한 문제의 유형을 구분하는 능력이 있는가?
- 문제해결의 의미에 대해 명확한 설명을 할 수 있는가?
- 문제해결에 필요한 기본적 사고 능력이 있는가?
- 문제를 해결하기 위해 창의적, 논리적, 비판적으로 생각하였는가?
- 문제 해결방식이 새롭고 유용한가?
- 다양한 아이디어를 제안하고 새로운 방법을 시도하는가?
- 문제 해결 과정에서 발생하는 장애 요소를 발견하고 제거방안을 제시하는가?
- 타인의 공감을 얻을 수 있는 참신한 방법인가?
- 문제해결을 위해 책임감을 가지고 주도적/능동적으로 솔선수범하는가?

KEYWORDS

비판적 사고, 논리적 사고, 창의적 문제해결능력, 문제해결 프로세스, 문제인식, 대안

문제해결능력 수준을 스스로 알아볼 수 있는 체크리스트입니다.

본인의 평소 행동을 생각해 보고, 행동과 일치하는 것에 체크해 보시기 바랍니다.

No	문항	그렇지 않은 편이다	그저 그렇다	그런 편이다
1	나는 업무를 수행하는 동안 발생한 문제의 핵심을 파악합니다.	1	2	3
2	나는 업무를 수행하는 동안 발생한 문제의 해결방법을 알고 있습니다.	1	2	3
3	나는 향후에 발생할지도 모르는 문제를 미리 예견하여 대비책을 세웁니다.	1	2	3
4	나는 현재 당면한 문제를 세부적으로 분석하여 해결방법을 찾습니다.	1	2	3
5	나는 문제가 발생했을 때, 새로운 관점에서 해결책을 찾습니다.	1	2	3
6	나는 문제를 해결하는 데 장애가 되는 요소들을 사전에 제거합니다.	1	2	3
7	나는 문제를 해결하기 위한 다양한 아이디어를 많이 생각해 냅니다.	1	2	3
8	나는 문제를 해결하기 위한 독창적인 아이디어를 많이 제시합니다.	1	2	3
9	나는 문제를 해결하기 위해서 다듬어지지 않은 아이디어를 분석하고 종합합니다.	1	2	3
10	나는 상대의 논리를 구조화하여 개선점을 찾습니다.	1	2	3
11	나는 상사의 지시를 무조건적으로 수용하지 않고 비판적으로 생각합니다.	1	2	3
12	나는 제시된 아이디어를 평가하는 데 자신의 의견을 적극적으로 표현합니다.	1	2	3
13	나는 문제가 발생하였을 때 문제의 결과를 미리 예측합니다.	1	2	3
14	나는 문제가 발생하였을 때 주변 환경을 잘 분석합니다.	1	2	3
15	나는 발생한 문제 중에서 우선순위를 잘 고려해서 먼저 해결해야 하는 문제를 잘 찾아냅니다.	1	2	3
16	나는 문제 해결을 위해 제시된 대안을 논리적으로 검토합니다.	1	2	3
17	나는 문제를 해결하기 위한 대안이 실제로 실현가능한지를 고려합니다.	1	2	3
18	나는 문제해결을 위한 방법을 실천하고, 그 결과를 평가합니다.	1	2	3

• 1~6 : 문제해결능력 • 7~12 : 사고력 • 13~18 : 문제처리능력

사고력

★ ★ ★ ★ ★

17

남들과 다른 생각(아이디어)으로 문제를
해결했거나 상황을 개선한 경험을 말해 보세요.

🔍 유사 질문

○ 창의력을 발휘한 경험에 대해 말해 보세요.

○ 새로운 방식으로 일을 하거나, 개선해 본 적이 있습니까?

○ 예상치 못한 문제를 창의적으로 해결한 사례가 있습니까?

○ 기존에 없었던 방식이나 남들과 다른 방식으로 문제를 해결했던 경험을 말해 보세요.

○ 가장 독창적인 경험을 말해 보세요.

○ 본인이 아이디어를 내서 문제를 해결했거나 개선한 사례를 말해 주세요.

○ 기존과 달리 새로운 방식으로 문제를 해결한 경험이 있습니까?

○ 본인이 창의성이 있는 지원자라 생각합니까?

○ 본인이 냈던 최고의 아이디어는 무엇입니까?

면접관의 숨은 의도

● 문제해결에 필요한 기본적 사고 능력이 있는가?

● 다양한 아이디어를 제안하고 새로운 방법의 적용을 시도하는가?

● 타인의 공감을 얻을 수 있는 참신한 방법인가?

● 발생한 문제의 유형을 구분하는 능력이 있는가?

● 문제해결의 의미에 대해 명확한 설명을 할 수 있는가?

STEP 1 자신이 경험한 문제 상황과 내용을 말합니다.

STEP 2 창의적으로 문제를 해결했던 과정(절차)을 설명합니다.

STEP 3 이를 통해 어떤 성과를 만들어 냈는지 이야기합니다.

Q 답변 예시

옷과 액세서리를 판매하는 편집숍에서 일을 할 때, 제품이 어디 있는지 찾지 못하는 고객이 많았습니다. 또 아르바이트가 교체될 때마다 미숙하게 응대하는 문제가 매번 발생하여 고객의 불만이 늘어났습니다.

이때 편의점에서 일했던 경험을 적용하여 물건의 색상과 종류에 따라 품번을 매기고 처음 일을 하는 사람도 알아보기 쉽도록 물건 위치 맵(map)을 만들었습니다.

그 결과 고객들의 문의가 줄어들었고 아르바이트생에 대한 고객 만족도가 높아졌습니다. 창의력은 관찰과 관심에서 나온다고 생각합니다. 지원한 직무에 대한 관심과 관찰로 업무에 임하는 신입사원이 되겠습니다.

Q 전문가의 Tip

문제해결의 창의적 사고에 대한 질문으로, 자신이 가지고 있는 개인적인 경험과 지식을 동원하여 새로운 가치를 만들어 낸 사례를 이야기하면 됩니다. 창의적 사고가 꼭 대단히 새로운 것을 만들어 내는 것을 의미하는 것은 아닙니다. 일을 하거나 생활하면서 느낀 불편함을 자신만의 아이디어로 개선하는 것을 의미합니다. 창의적 사고에는 자유롭게 생각하는 자유 연상법, 강제적으로 연결하여 발상하는 강제 연상법, 유사한 것들로 힌트를 얻는 비교 발상법이 있습니다. 좀 더 자세한 내용은 인터넷 등을 찾아서 공부해 보기를 추천합니다.

문제처리능력
★★★★★

18

본인이 주도하여 문제를 해결한 경험이 있습니까?

Q 유사 질문

○ 남들과 다른 방법으로 문제를 해결한 경험을 말해 보세요.

○ 자신이 주도적으로 일을 추진했던 경험을 소개해 보세요.

○ 정해진 원칙이나 윗사람의 지시를 벗어나서 주도적으로 문제를 잘 해결했던 경험이 있습니까?

○ 열정적으로 도전했던 경험을 말해 보세요.

○ 가장 큰 성취감을 느꼈던 경험에 대해 말해 보세요.

○ 스스로 문제의식을 가지고 이를 해결하기 위하여 노력했던 경험에 대해 구체적으로 말해 주세요.

면접관의 숨은 의도

● 문제해결을 위해 창의적, 논리적, 비판적으로 생각하는가?

● 조직의 내·외부적인 환경 요인을 객관적으로 분석하는가?

● 문제해결을 위해 책임감을 가지고 주도적/능동적으로 솔선수범하는가?

● 공동의 이익을 위해 참신하고 효율적인 해결책을 제시하는가?

● 문제를 올바르게 인식하고 적절한 해결책을 제시, 적용하였는가?

STEP 1 ▶ 문제를 경험했던 상황에 대해 설명합니다.

STEP 2 ▶ 이를 해결하기 위해 주도적으로 노력한 과정을 설명합니다.

STEP 3 ▶ 경험의 결과를 말합니다.

Q 답변 예시

독거노인분들을 위한 봉사활동에 지속적으로 참여하면서, 단순한 노동으로 형식적인 도움을 드리기보다는 봉사의 테마를 정하여 의미 있는 활동을 하고 싶었습니다.

그래서 봉사활동의 테마를 영정사진 찍어 드리기로 정하고, 사진동아리 친구들의 도움을 얻어 촬영기법과 제작방법을 배워서 봉사활동을 진행하였습니다. 그 결과 봉사활동에 간헐적으로 참여했거나 의무적으로 했던 친구들이 많은 보람을 느끼면서 적극적으로 활동하였고, 어르신분들께도 좀 더 실질적인 도움을 드릴 수 있었습니다.

이러한 경험을 바탕으로 어떤 일이든 업무의 의미를 파악하고 문제를 해결해 나가면서 주도적으로 일하는 것의 중요성을 깨달을 수 있었습니다.

Q 전문가의 Tip

상사가 좋아하는 신입사원 1위는 주도적으로 일하는 직원입니다. 주도적으로 일을 한다는 것은 일에 대한 목적을 안다는 것입니다. 그러므로 답변을 할 때는 일의 목적과 의미를 알고 그에 따라 체계적이고 주도적으로 일하겠다고 하면 좋은 평가를 받을 수 있습니다.

문제처리능력

★ ★ ★ ★ ★

19

프로젝트나 팀 과제 등 다양한 사람들이 관여된 상황에서
발생한 문제를 중재한 경험이 있다면 말해 주세요.

Q 유사 질문

○ 지원분야와 관련된 프로젝트는 어떤 것들을 했는지 말해 보세요.

○ 프로젝트 하면서 경험한 문제점과 해결책은?

○ 자신이 수행한 프로젝트 중 가장 기억에 남는 것은?

○ 프로젝트에서 자신이 잘했던 점과 못했던 점은?

○ 환경이나 상황이 바뀌었을 때에도 흔들리지 않고 자신감을 유지하며 성과를 창출해 본 경험에
대해 구제석으로 말씀해 주세요.

면접관의 숨은 의도

● 문제의 원인을 정확하게 파악하고 합리적인 대안을 제시하는가?

● 문제를 해결하기 위한 다수의 대안을 탐색하는가?

● 다양한 상황에 유연하고, 탄력적으로 대응하는가?

● 조직 내에서 발생할 다양한 상황에 대한 대처능력이 있는가?

● 문제를 올바르게 인식하고 적절한 해결책을 제시, 적용하였는가?

Q 답변 전략

STEP 1 ▶ 자신이 경험한 상황과 문제의 핵심을 제시합니다.

STEP 2 ▶ 이를 해결하기 위한 노력과 과정을 설명합니다.

STEP 3 ▶ 경험의 결과를 말합니다.

Q 답변 예시

대학생 봉사단 팀장으로 ○○페스티벌에 응모할 ○○아이템을 제작한 적이 있습니다. 지속적인 회의와 의사소통을 통해 ○○아이템 제작을 진행했지만, 그 과정에서 구성원의 역할과 아이디어에 대한 갈등과 불만이 발생했습니다.

그럴 때마다 저는 꾸준한 대화를 통해 요구사항이나 아이디어에 대한 의견을 적극적으로 들어주고, 구성원들 사이에 불만이 있다면 각자의 의견을 정리하여 대립되는 사항에 대해 적절한 대안을 제시하며 중재하였습니다. 또한 앞장서서 솔선수범하며 잘할 수 있다고 팀원들을 다독였습니다. 끊임없이 팀원들과 생각을 나누는 과정을 통해 결국엔 모두가 만족할 수 있는 아이템을 제작할 수 있었습니다.

각자의 의견을 존중하고, 적절한 대안을 제시하며, 솔선수범한다면 팀 업무에서 더욱 효과적인 결과물이 나올 수 있다는 것을 알 수 있는 계기였습니다.

Q 전문가의 Tip

문제를 해결하는 능력과 문제를 해결하는 과정에서 발생하는 사람들 간의 의견을 조정할 수 있는 능력을 평가하기 위한 질문입니다. 문제해결능력은 문제 인식, 다수의 대안 탐색, 최적의 대안 선택 같은 프로세스적인 접근을 통해 자신의 경험을 설명하면 좋습니다. 조정 능력은 문제 과정에서 발생한 다양한 사람들의 의견 대립을 조정해서 최적의 안을 뽑아낼 수 있는지가 중요합니다. 어느 한쪽의 의견이 아닌 다양한 사람들의 의견을 들어보고 의견을 조율했던 경험을 이야기하면 됩니다.

문제처리능력

★★★★

20 문제를 해결하는 과정에서 가장 중요하게 생각하는 점은 무엇입니까?

🔍 유사 질문

○ 업무 시 분쟁이 발생했을 때 본인만의 대처법이 있나요?

○ 문제 해결 과정 중에서 가장 먼저 하는 단계나 순서가 있나요?

○ 문제 해결 과정에서 나온 여러 가지 대안이나 해결책 중에 가장 이상적인 대안을 선택하는 방법은 무엇입니까?

면접관의 숨은 의도

● 문제해결에 필요한 기본적인 사고 능력이 있는가?

● 문제해결의 의미에 대해 명확한 설명을 할 수 있는가?

● 환경에 따른 탄력적이고 유연한 사고를 하는가?

● 공동의 이익을 위해 참신하고 효율적인 해결책을 제시하는가?

● 어려운 상황에 직면했을 때, 끈기·근성으로 문제를 해결할 수 있는 역량을 가지고 있는가?

STEP 1   문제해결과정에서 중요하게 생각하는 핵심을 말합니다.

STEP 2   이유와 근거를 들어 설명하거나, 사례를 들어 설명합니다.

STEP 3   경험의 결과를 통해 직무연관성을 강조합니다.

Q 답변 예시

문제해결과정에서 가장 중요한 것은 프로세스라고 생각합니다.

학창시절 봉사캠프에 참여했을 때, 팀원들과 가장 낙후된 외곽지역을 방문하게 되었습니다.

예상보다 많은 대상자에게 한정적인 지원 물품을 분배해야 하는 문제가 발생하였고, 이를 해결하기 위해 지원 대상자에 대한 정확한 파악이 필요했습니다. 지원 대상자에 대한 정보를 수집하고 물품의 수량을 체크한 다음, 지급하는 장소와 동선, 확인 방법 등을 체크리스트로 만들어 진행하였습니다. 한 명도 빠짐없이 모두 전달하고 나자 현지인들이 고마움을 표현해 주었고, 지급 문제를 해결했다는 안도감과 함께 봉사의 보람을 느낄 수 있었습니다.

이를 계기로 효과적인 봉사를 위해서는 발생된 문제를 빠르게 파악해 체계적으로 대처해야 함을 배웠고, 문제 해결에는 프로세스가 가장 중요하다는 것을 느꼈습니다. 이러한 경험은 직장 생활에서 문제상황에 봉착했을 때 유연하게 대처할 수 있는 큰 밑바탕이 되리라고 생각합니다.

Q 전문가의 Tip

문제해결능력에 대한 사고력과 문제처리능력을 종합적으로 물어보는 질문입니다. 문제가 일어난 배경을 장황하게 설명하기보다는, 문제를 인식하고 해결해 나가는 과정에 초점을 맞추어야 합니다.

문제처리능력

★ ★ ★

21

나의 능력으로 해결할 수 없었던 문제를 해결한 경험이 있나요?

🔍 **유사 질문**

○ 예상치 못한 문제나 어려움을 극복하고 성취한 경험을 말해 보세요.

○ 계획한 목표를 향해 나아가고 있는데 갑자기 문제가 발생했을 때 위기를 극복한 경험을 말해
  보세요.

○ 곤란했던 상황을 해결했던 경험을 말해 보세요.

○ 자신의 한계를 극복한 사례를 말해 보세요.

○ 자신이 속했던 단체에서 위기를 겪은 경험이 있나요? 어떻게 극복했나요?

○ 자신의 인생에서 겪은 문제 상황 중 가장 힘든 문제는 무엇이었습니까?

○ 사회경험(실습 · 인턴, 아르바이트 등) 중 자신이 속한 조직 내에서 예상치 못한 문제를 겪어 본 적
  이 있나요?

○ 지식/기술에 대한 부족함이 있지만 다른 사람들의 조력을 통해 부족함을 채워 새로운 분야의
  연구를 시도해 본 경험에 대해 말씀해 주십시오.

면접관의 숨은 의도

● 예상치 못한 문제에 대해서 침착하고 담대하게 대응했는가?

● 문제의 원인을 정확하게 파악하고 합리적인 대안을 제시하는가?

● 업무 시 발생할 다양한 상황에 대한 대처능력이 있는가?

● 어려운 상황에 직면했을 때, 끈기와 근성으로 문제를 해결할 수 있는 역량을 가지고 있는가?

STEP 1 ▶ 경험한 상황과 문제의 핵심을 말해 주십시오.

STEP 2 ▶ 이를 해결하기 위해 노력한 과정을 설명합니다.

STEP 3 ▶ 경험의 결과를 말합니다.

Q 답변 예시

발표능력은 학교나 직장에서 중요한 능력이라고 생각합니다. 하지만 저는 예전에 대중 앞에서 발표하는 것에 상당한 부담을 느껴 자신감이 없었습니다. 졸업하기 전까지 극복하겠다는 목표를 세웠고, 제가 만든 자료를 훌륭하게 발표하여 사람들에게 인정받고자 노력했습니다.

우선 저는 무작정 백화점 과일 판매 아르바이트에 지원하여 일할 기회를 얻었습니다. 처음에는 다른 선배들의 뛰어난 말솜씨와 성량, 자신감에 압도되어 과연 제가 할 수 있을지 의문까지 들었습니다. 쉬는 날도 선배들을 관찰하고 옆에서 조금씩 목소리를 내 보았고, 혼자서 대본을 짜놓고 매일같이 거울 앞에서 큰 소리로 연습을 하였습니다. 그러자 시간이 갈수록 점차 자신감이 생겼고, 성량도 커져 가는 걸 느꼈습니다.

이런 노력 덕분인지 이후 학교 수업에서의 발표가 부담스럽지 않고 즐겁게 느껴졌고, 개인 과제는 물론 팀 과제에서도 발표를 도맡아 할 정도로 성장하게 되었습니다.

Q 전문가의 Tip

지원자가 힘들어하는 상황과 이에 대처하는 능력을 보기 위한 질문입니다. 답변의 핵심은 상황에 대한 어려움보다는 상황을 극복하는 과정에 초점을 맞추어야 합니다. 이를 통해 지원자의 장점을 엿볼 수 있으며, 지원 직무와의 적합성을 판단하게 됩니다.

문제처리능력

★ ★ ★

22

학업 과제나 업무 중에 가장 어렵거나 힘들었던 문제는 무엇이었습니까?

🔍 **유사 질문**

○ 지금까지 살아오면서 도전해 본 가장 어려운 일은 무엇입니까? 구체적으로 말해 주세요.

○ 참고할 만한 선행사례가 없어 진행 중 어려움이 많았지만 끝까지 포기하지 않고 마침내 해냈던 경험에 대해 구체적으로 말씀해 주십시오.

면접관의 숨은 의도

● 문제해결에 필요한 기본적 사고 능력이 있는가?

● 문제의 원인을 파악하고 적절한 해결책을 제시, 적용하였는가?

● 업무 시 발생할 다양한 상황에 대한 대처능력이 있는가?

● 어려운 상황에 직면했을 때, 끈기와 근성으로 문제를 해결할 수 있는 역량을 가지고 있는가?

STEP 1 ▶ 경험한 상황과 문제의 핵심을 말합니다.

STEP 2 ▶ 이를 해결하기 위해 노력한 과정을 설명합니다.

STEP 3 ▶ 경험의 결과를 말합니다.

Q 답변 예시

학교 행사 운영위원회를 맡았을 때 겪었던 문제가 가장 힘들었던 기억이 있습니다. 당시 행사 협찬 부스를 얼마나 많이 유치하느냐가 행사의 성패를 가르는 중요한 요소였습니다. 그러나 행사 시기가 임박하던 시기에 다른 학교에서 비슷한 행사가 열리고 있어 협찬 유치가 쉽지 않았습니다.

그래서 저는 협찬 부스 비용을 30% 낮추고 유치 수를 늘리는 것으로 방향을 잡았습니다. 협찬 업체에 협조 요청해 SNS 이벤트를 진행하였고, 관련 학과 교수님께 부탁드려 학생들의 참여를 유도했습니다.

행사 결과, 협찬 수익률은 100% 달성하지 못했지만 유치한 부스 수는 130%를 달성하게 되면서 행사를 성공적으로 마칠 수 있었습니다. 안 된다고 생각하면 핑계를 찾게 되지만 된다고 생각하면 방법을 찾게 된다고 생각합니다. 아무리 어려운 상황이라고 하더라도 포기하지 않고 방법을 찾는 사람으로 성장해 나가겠습니다.

Q 전문가의 Tip

문제해결능력에 대한 사고력과 문제처리능력을 종합적으로 물어보는 질문입니다. 문제가 발생하였을 때, 문제의 원인을 종합적으로 분석하고 논리적으로 해결책을 찾아가는 과정을 구체적인 사례로 이야기하면 됩니다.

문제처리능력

★ ★ ★

23

일을 하다가 실수해 본 경험이 있나요? 어떻게 대처했는지 말해 주세요.

Q 유사 질문

○ 업무를 처리하면서 실수한 경험이 있다면 어떠한 실수였으며, 그 원인은 무엇이라고 생각하나요?

○ 살면서 다른 사람에게 크게 실수한 경험을 말해 보세요.

○ 업무 중 자신의 실수를 다른 사람 또는 상사에게 솔직히 말한 적이 있습니까?

○ 실수에 대해 어떻게 생각합니까?

○ 자신의 실수로 남에게 피해를 준 적이 있습니까?

면접관의 숨은 의도

● 문제 원인을 객관적으로 분석하고 원인을 규명하는가?

● 실수를 인정하고 개선하려고 노력하는가?

● 잘못이나 부정을 감추지 않고 개선/발전의 기회로 삼았는가?

● 지속적으로 반복되는 실수는 아닌가?

STEP 1 실수했던 경험을 간략히 설명합니다.

STEP 2 실수를 극복하기 위해 노력한 점을 강조합니다.

STEP 3 행동의 결과와 느낀 점을 말합니다.

Q 답변 예시

첫 사회생활 경험이었던 음식점 아르바이트에서 고객을 대하는 일이 익숙지 않아 반복되는 실수를 하였고, 고객들의 컴플레인을 많이 받았던 경험이 있습니다. 계속되는 실수에 자신감도 낮아졌고, 주변 사람들의 질책에 힘들기도 했습니다. 하지만 저는 포기하지 않고 능력을 인정받기 위해 노력했습니다.

우선, 주변 동료와 선배들의 조언 및 노하우를 적극적으로 받아들였습니다. 그리고 고객의 패턴을 분석하여 일의 우선순위와 저만의 대응방법을 만들어 냈습니다. 또한 저의 장점인 밝은 표정으로 서비스를 제공하였습니다. 그 결과 동료와 선배들의 칭찬과 함께 고객 만족 우수사원으로 선발되기도 하였습니다.

저는 이 경험을 통해, 실수를 빨리 극복하기 위해서는 자신의 실수를 인정하고, 주변 사람들의 조언을 적극적으로 수용하면서 포기하지 않는 긍정적인 마인드가 있어야 한다는 것을 배울 수 있었습니다.

Q 전문가의 Tip

실수는 누구나 합니다. 그러나 실수를 인정하는 사람은 많지 않습니다. 이 질문의 핵심은 자신의 실수를 인정하고 이를 개선하려고 노력하는 의지가 있는지, 이를 통해 발전의 기회를 삼고 있는지 확인하는 것입니다.

문제처리능력
★ ★ ★

24

예상치 못한 문제나 어려움을 극복하고 성취한 경험을 말해 보세요.

🔍 유사 질문

○ 계획한 목표를 향해 나아가고 있는데 갑자기 문제가 발생했을 때 위기를 극복한 경험을 말해 보세요.

○ 곤란했던 상황을 해결했던 경험을 말해 보세요.

○ 자신의 한계를 극복한 사례를 말해 보세요.

○ 사회경험(실습 · 인턴, 아르바이트 등) 중 자신이 속한 조직 내에서 예상치 못한 문제를 겪어 본 적이 있나요?

○ 자신이 속했던 단체에서 위기를 겪은 경험이 있나요? 어떻게 극복했나요?

면접관의 숨은 의도

● 예상치 못한 문제에 대해 침착하고 담대하게 대응했는가?

● 문제의 원인을 정확하게 파악하고 합리적인 대안을 제시하는가?

● 업무 시 발생할 다양한 상황에 대한 대처능력이 있는가?

● 어려운 상황에 직면했을 때, 끈기와 근성으로 문제를 해결할 수 있는 역량을 가지고 있는가?

STEP 1 경험한 상황과 문제의 핵심을 말합니다.

STEP 2 이를 해결하기 위해 노력한 과정을 설명합니다.

STEP 3 결과와 느낀 점을 이야기합니다.

Q 답변 예시

○○○ 인턴십 당시 ○○ 팀에서 ○○ 보고서 작성을 보조하는 업무를 담당하였습니다. 저는 먼저 보고서를 작성하기 전에 보고서 평가 위원 입장에서 생각해 보았습니다. 그 결과, 상당한 분량의 보고서를 보고 핵심사항을 파악하는 것은 쉽지 않을 것이라 생각하여 저를 포함 3명의 인턴이 제작하기로 하였습니다. 그러나 동영상 제작 기술이 있는 담당 인턴이 그만두게 되어 부득이하게 제가 그 역할을 도맡게 되었습니다. 동영상은 ○○ 보고서 파트별 핵심이 되는 사업들을 뽑아내 관련된 사진이나 기사들을 통해 스토리를 구성해 나갔고, 부족한 동영상 편집 기술은 동영상 편집 관련 책을 통해 연구하며 제작하였습니다. 또한 부족한 시간은 퇴근 후 자발적으로 작업하면서 해결해 나갔습니다. 기간 내에 제작된 기대 이상의 동영상을 본 담당 부장님께서 매우 흡족해 하셨으며, 저희들의 동영상과 탄탄한 보고서 내용으로 ○○○팀 ○○○보고서는 A등급을 획득하였습니다.

이를 통해 어떤 환경에서도 책임감과 할 수 있다는 의지만 있다면 어떤 것도 해낼 수 있다는 것을 배웠으며, 업무능력이 한층 성장하는 계기가 되었습니다.

Q 전문가의 Tip

문제를 주도적으로 해결할 수 있는 능력과 어려움을 통해 성장할 수 있는 발전적인 사람인지 확인하기 위한 질문입니다. 단순히 어려움을 겪었던 내용을 말하는 것이 아니라 문제를 해결하기 위해 지원자의 적극적이고 자발적인 노력이 잘 드러나도록 하며, 이를 통해 배우고 한 단계 성장했다는 것을 또 다른 사례를 통해 덧붙여 말하는 것도 좋습니다.

문제처리능력

★ ★ ★ ★ ★

25

지금까지 살아오면서 도전해 본 가장 어려운 일은 무엇입니까?
구체적으로 말해 주세요.

Q 유사 질문

○ 자신의 인생에서 겪은 문제 상황 중 가장 힘든 문제는 무엇이었습니까?

○ 본인이 경험했던 일 중 가장 어려웠던 일과 그것을 극복하기 위해 했던 노력을 말해 보세요.

면접관의 숨은 의도

● 목표를 세우고 도전하는 사람인가?

● 문제해결의 과정이 논리적이고 창의적이었는가?

● 다양한 문제상황에 대한 대처능력이 있는가?

● 어려운 상황에 직면했을 때, 끈기·근성으로 문제를 해결할 수 있는 역량을 가지고 있는가?

STEP 1 ▶ 경험한 상황과 문제의 핵심을 말합니다.

STEP 2 ▶ 문제를 해결하기 위한 노력을 구체적으로 설명합니다.

STEP 3 ▶ 경험의 결과를 말합니다.

Q 답변 예시

대학 시절 도전했던 국토대장정 대회가 저에게 있어 가장 힘든 경험이었습니다. 저의 체력과 정신력을 과신한 결과 발목 인대 파열로 대회 결승점을 10km 남겨두고 완주에 성공하지 못했습니다. 신체적 한계와 함께 완주를 못했다는 생각으로 자존감마저 하락하였습니다.

저는 이를 극복하기 위해 재도전을 결심하고, 발목 치료와 운동법을 배워 실천했습니다. 또한 교양과목으로 심리학을 수강하여 교수님과의 상담을 통해 자존감 회복에 힘썼습니다.

그렇게 해서 두 번째 국토대장정 대회를 아무 문제 없이 완주할 수 있었습니다. 당시에는 스스로에 대한 실망감으로 다시 도전할 생각을 못하였는데 어떤 일이든 포기하지 않고 끝까지 한다면 아무리 어려운 일도 해낼 수 있다는 것을 몸으로 느낄 수 있었습니다.

Q 전문가의 Tip

회사 생활에서 겪을 수 있는 어려운 상황을 잘 헤쳐나갈 수 있는지 알아보는 질문입니다. 지원자의 문제 해결 과정과 어떤 부분에서 성취감을 느낄 수 있었는지 구체적으로 답변하는 것이 중요합니다.

CHAPTER 04

역 량 별 면 접 답 변 전 략

자기개발능력

04 Chapter

자기개발능력

자기개발능력이란 직업인으로서 자신의 능력, 적성, 특성 등을 이해하고 목표 성취를 위해 스스로를 관리하며 개발해 나가는 능력을 의미합니다.

- 자기개발능력은 직업인으로서 자신의 능력, 적성, 특성 등을 이해하고 목표 성취를 위해 스스로를 관리하며 개발해 나가는 능력입니다.

- 직업인을 둘러싸고 있는 환경은 끊임없이 변화하고 있으며, 그 변화의 속도는 점점 빨라지고 있습니다. 이에 따라 지식의 생성 주기가 짧아지고 있어 자신이 가지고 있는 지식이나 기술이 과거의 것이 되지 않으려면 지속적으로 자기개발 노력을 해나가야 합니다.

- 변화하는 환경에 적응하고 직장 생활에서 높은 성과를 내며, 자신의 경력을 관리하기 위해 자신의 능력, 적성, 특성 등을 이해하고 목표 성취를 위해 스스로를 관리하며 개발해 나가는 능력의 함양은 필수적입니다.

◐ 의사소통능력 하위능력

자아인식능력	자신의 흥미, 적성, 특성 등을 이해하고, 이를 바탕으로 자신에게 필요한 것을 이해하는 능력
자기관리능력	업무에 필요한 자질을 지닐 수 있도록 스스로를 관리하는 능력
경력개발능력	끊임없는 자기개발을 위해서 동기를 갖고 학습하는 능력

자기개발은 직무를 수행하고, 전문성을 키우기 위해 필수적인 역량입니다. 직무수행 시 효과적이고 효율적인 업무처리, 변화하는 환경에 대한 대응노력, 목표를 달성하는 노력 등 지속적인 자기개발은 자신의 성장뿐만 아니라 기업의 성장을 좌우하기 때문입니다. 회사의 일원이 아니라 개인이 하나의 브랜드가 되어(퍼스널브랜딩) 일한다는 생각으로 끊임없이 자기 개발을 수행해야 합니다.

자기개발능력 면접에는 다음과 같은 주요 point로 평가하게 됩니다.

- 자신이 달성할 수 있는 목표를 세우는가?
- 자신의 목표를 달성하기 위해 필요한 자원을 확인하는가?
- 주도적으로 자신의 삶의 목표를 설정하는가?
- 자신의 약점을 개선/보완하고 강점은 개발하는가?
- 자기개발을 위해 다양한 노력을 하고 있는가?
- 자신을 동기부여시킬 수 있는가?
- 취미가 인생이나 일에 긍정적인 영향을 미치고 있는가?
- 스트레스를 조절하고 해소할 수 있는 방법을 아는가?
- 미래에 요구되는 능력, 지식, 경험이 무엇인지를 파악하고 이를 갖추기 위한 준비와 노력을 하고 있는가?
- 자신의 경력단계를 이해하고 이에 적절한 경력개발 계획을 수립할 수 있는가?

KEYWORDS

목적성, 인간관계, 스트레스관리, 미래지향적 관점, 변화 수용

자기개발능력 수준을 스스로 알아볼 수 있는 체크리스트입니다.

본인의 평소 행동을 생각해 보고, 행동과 일치하는 것에 체크해 보시기 바랍니다.

No	문항	그렇지 않은 편이다	그저 그렇다	그런 편이다
1	나는 자기개발이 무엇인지 설명할 수 있습니다.	1	2	3
2	나는 직업인의 자기개발이 왜 필요한지를 설명할 수 있습니다.	1	2	3
3	나는 자기개발이 어떻게 이루어지는가를 이해하고, 자신을 관리하며, 경력을 개발하는 과정을 설명할 수 있습니다.	1	2	3
4	나는 자기개발을 방해하는 요인에 대하여 설명할 수 있습니다.	1	2	3
5	나는 나에게 적합한 자기개발계획을 수립할 수 있습니다.	1	2	3
6	나는 나를 브랜드화하기 위한 전략을 수립할 수 있습니다.	1	2	3
7	나는 자아인식이 왜 중요한지에 대하여 설명할 수 있습니다.	1	2	3
8	나는 나를 알아가는 여러 가지 방법들을 설명할 수 있습니다.	1	2	3
9	나는 직업인으로서 나의 장단점, 흥미, 적성 등을 설명할 수 있습니다.	1	2	3
10	나는 자아인식에서 자기성찰이 왜 중요한지를 설명할 수 있습니다.	1	2	3
11	나는 직업인으로서 나의 발전목표를 스스로 수립할 수 있습니다.	1	2	3
12	나는 나의 내면(인내심, 긍정적인 마음)을 관리할 수 있습니다.	1	2	3
13	나는 여러 가지 방법을 활용하여 나의 업무수행 성과를 높일 수 있습니다.	1	2	3
14	나는 합리적인 의사결정과정에 따라 의사결정을 할 수 있습니다.	1	2	3
15	나는 경력개발이 무엇인지 설명할 수 있습니다.	1	2	3
16	나는 일반적인 경력단계가 어떻게 이루어지는지 설명할 수 있습니다.	1	2	3
17	나는 나의 경력개발 단계에 따라 계획을 수립할 수 있습니다.	1	2	3
18	나는 경력개발과 관련된 최근의 이슈가 무엇인지 설명할 수 있습니다.	1	2	3

• 1~6 : 자기개발능력 • 7~10 : 자아인식능력
• 11~14 : 자기관리능력 • 15~18 : 경력개발능력

자아인식능력
★★★★★

26

자기소개를 해주세요.

Q **유사 질문**

○ 본인의 전공 또는 경력을 중심으로 자기소개를 해보세요.

○ 우리 기업의 인재상 중 한 가지를 골라 자신이 왜 그러한 인재인지 소개해 주세요.

○ 자신의 직무적 강점을 중심으로 자기를 소개해 주세요.

○ (직무 강점 중심으로) 자기소개를 해주세요.

면접관의 숨은 의도

● 자신의 능력과 적성을 분석하여 자신의 가치를 설명하는가?

● 직무에 대한 차별화된 강점을 가지고 있는가?

● 뚜렷한 비전과 목표를 갖고 있는가?

● 입사하고자 하는 태도와 의지가 분명한가?

STEP 1 ▶ 자신을 표현(소개)하는 한마디 또는 한 문장을 제시합니다.

STEP 2 ▶ 적합한 인재임을 강점역량(지식, 기술, 태도)으로 표현합니다.

STEP 3 ▶ 역량이 있는 지원자임을 강조합니다.

Q 답변 예시

저는 마케팅 분야에서 넘치는 창의력과 열정을 겸비한 인재로서 마케팅 직무에 지원하게 된 3가지 강점을 말씀드리겠습니다.

첫째, 마케팅 지식입니다. 마케팅 전공으로 광고마케팅 기초부터 실무까지 탄탄한 지식을 가지고 있습니다. 둘째, 마케팅 실무 경험입니다. 마케팅 업무를 위한 실전 경험이 필요하다 생각하여 SNS 블로그마케팅 프로젝트를 수행하여 ○○성과를 내기도 하였습니다. 마지막은 창의력입니다. 학교행사나 동아리 활동, 블로그 마케팅에서 새로운 기획과 프로그램 개발로 주위 사람들에게 아이디어 뱅크 또는 기획자로 불리고 있습니다.

저의 이러한 경험을 바탕으로 마케팅 직무에 적합한 인재라고 생각하며 향후 지속적인 자기개발 노력으로 전문성을 키워가도록 하겠습니다.

Q 전문가의 Tip

자기소개는 자신의 흥미, 적성, 특성을 이해하고 이를 바탕으로 자신에게 필요한 것을 이해하는 자아인식능력에 포함됩니다. 자신을 객관적으로 이해하며 지원한 직무에 적합한 인재임을 표현해야 합니다. 다만, 자신을 표현할 때 비유적이거나 추상적인 표현은 적절하지 않습니다. 예를 들어 '저를 나무에 비유해서 말씀드리고자 합니다. 첫째 뿌리입니다. 둘째 줄기입니다~'라는 대답보다 자신의 이야기를 스토리텔링 방식으로 자연스럽게 풀어 가는 것이 더 매력적이기 때문입니다.

자아인식능력

★ ★ ★ ★ ★

27　　취미는 무엇이고, 취미가 본인에게 주는 긍정적인 영향은 무엇인가요?

유사 질문

○ 관심을 갖고 지속하고 있는 활동이 있습니까?

○ 자신이 좋아하는 활동은 무엇입니까?

○ 평상시 즐겨하는 취미는 무엇인가요?

○ 자신만의 스트레스 해소법이 있나요?

○ 쉬는 날이나 휴일에는 무엇을 하는 편인가요?

면접관의 숨은 의도

● 취미가 인생이나 일에 미치는 긍정적인 영향이나 의미가 있는가?

● 스트레스를 조절하고 해소할 수 있는 방법을 아는가?

● 스스로 동기부여(self-motivation) 할 수 있는가?

● 현재 지속적으로 진행하고 있는 취미활동인가?

● 취미활동이 업무수행에 부정적 영향을 미치지는 않는가?

STEP 1 취미가 무엇인지 말합니다.

STEP 2 시작하게 된 계기, 좋아하게 된 이유, 그리고 활동사항을 말합니다.

STEP 3 취미가 주는 긍정적인 측면을 강조합니다.

Q 답변 예시

저의 취미는 혼자만의 시간에 사색을 즐기는 ○○○과 다른 사람들과 함께하는 ○○○이 있습니다.

○○○은 어렸을 때부터 꾸준히 배워 여러 대회 등에 참가하여 수상한 경험을 가지고 있습니다. 혼자만의 시간을 가지거나 사색이 필요할 때 ○○○을 통해 기분 전환을 합니다. 또한 다른 사람들과 함께하는 활동적인 취미로는 ○○이 있습니다. 매월 1회 정기적인 모임을 가지며 ○○에 대한 취미를 사람들과 공유하고 있습니다.

이러한 저의 취미는 스트레스를 해소할 수 있을 뿐만 아니라 다양한 인간관계도 함께 만들어가면서 삶에 긍정적인 영향을 받고 있습니다.

Q 전문가의 Tip

이 질문은 지원자의 관심 분야나 성향을 간접적으로 확인할 수 있는 질문입니다. 그러므로 꼭 직무를 염두해 두고 취미를 연관지어 말할 필요는 없습니다. 다만, 위험한 활동의 취미나 직무에 치명적인 취미는 지양하는 것이 좋습니다.

자아인식능력

★★★★★

28

자신의 단점을 보완하기 위한 노력을 말해 주세요.

유사 질문

○ 자신의 단점은 무엇입니까?

○ 남들이 모르는 자신만의 약점 / 핸디캡 / 콤플렉스가 있다면?

○ 당사가 지원자를 뽑았을 때, 후회할 것 같은 점에 대해 말해 보세요.

○ 친구나 지인들이 지적하는 단점이나 고쳤으면 하는 점은 무엇인가?

○ 자신의 어떤 점을 바꾸고 싶습니까?

○ 직무상 본인의 약점이 무엇이라고 생각하나요?

○ 본인의 약점은 무엇이고 이를 극복한 경험은 있나요?

○ 자신의 약점을 보완하기 위해 교육받은 경험이 있다면 말해 주세요.

○ 본인의 단점 3가지만 이야기해 주세요.

면접관의 숨은 의도

● 자신을 객관적으로 분석하고 이해하고 있는가?

● 역량향상을 위한 self-motivation을 가지고 지속적으로 학습하는가?

● 자신의 약점을 개선/보완하고 강점은 개발하는가?

● 지원직무 및 조직에 치명적인 약점은 아닌가?

STEP 1 단점이 무엇인지 말합니다.

STEP 2 단점을 보완하기 위한 노력을 말합니다.

STEP 3 단점을 보완하는 것의 긍정적인 측면에 대해서 설명합니다.

Q 답변 예시

저의 단점은 큰 무대에 서거나 행사를 할 때 긴장을 하여 조급해진다는 것입니다.

조급함을 고치기 위해 일의 순서를 정하는 습관을 들였습니다. 이를 통해 중요한 무대나 행사에서 계획적으로 행동하고, 실수하지 않도록 노력하고 있습니다.

단점을 극복하는 과정을 통해 저 자신을 잘 이해하게 되었을 뿐만 아니라, 일의 효율을 더욱 높일 수 있었습니다. 입사하여 일하게 된다면 조급함으로 실수하지 않도록 늘 기록하고 체크하면서, 긴장하지 않도록 스스로 변화시키는 노력을 게을리하지 않겠습니다.

Q 전문가의 Tip

이 질문을 통해 면접관이 확인하고 싶은 내용은 지원자의 단점이 무엇인지가 아닙니다. 질문의 요지는 지원자가 얼마나 객관적으로 자신의 단점을 인식하고 있는지, 그 단점을 보완하기 위해 어떤 노력을 기울였는지입니다. 단점이 없는 사람은 세상에 없습니다. 단점을 감추거나 장점으로 포장하기 위한 술수보다 솔직하게 자신의 단점을 인정하고 보완하고자 하는 용기와 노력이 좀 더 좋은 인상을 줄 수 있습니다.

자아인식능력

★ ★ ★ ★ ★

29

본인이 살아가면서 궁극적으로 추구하는 삶의 가치나 목적은 무엇입니까?

유사 질문

○ 살면서 가장 중요하다고 생각하는 것은 무엇입니까?

○ 자신의 가치관 또는 소중하게 생각하는 가치는 무엇입니까?

○ 인생의 목적은 무엇이라고 생각합니까?

○ 살면서 가장 가치 있다고 생각하는 것은?

○ 인생을 살아가면서 필요한 것은 무엇입니까?

○ 자신이 가장 소중히 여기는 것은 무엇입니까?

면접관의 숨은 의도

● 자신의 목표와 가치를 명확하게 인지하고, 이를 바탕으로 조직에 기여하고자 하는 뚜렷한 비전과 목표를 가지는가?

● 자신의 목표를 조직의 목표와 가치에 연계하여 사고하는가?

● 역량향상을 위한 self-motivation을 가지고 노력하는가?

● 조직의 가치와 개인의 가치가 일치하는가?

STEP 1 ▸ 자신의 삶의 가치와 목적을 말합니다.

STEP 2 ▸ 삶의 가치와 목적의 이유를 사례를 들어 말합니다.

STEP 3 ▸ 자신이 추구하는 목표와 가치가 지원 회사(직무)와 유사함을 어필합니다.

Q 답변 예시

살면서 저에게 가장 중요한 것은 믿음과 신뢰라고 생각합니다.

○○ 동아리 활동에서 총무를 오랫동안 맡은 적이 있습니다. 예산관리부터 사소한 동아리 살림까지 꼼꼼하게 기록하고 정리하며, 동아리 운영에 차질 없이 관리했습니다. 이를 구성원에게 정기적으로 공유하다 보니 구성원들에게 믿음직스럽다는 평가를 받았고, 오랫동안 총무 역할을 맡게 되었습니다. 이러한 구성원들의 믿음이 바탕이 되어 저는 동아리에 많은 기여를 할 수 있었습니다.

조직생활에서도 믿음과 신뢰는 기본이며, 특히 제가 지원한 ○○직무에서 필수적인 역량이라고 생각합니다. 팀워크의 기본은 신뢰이며, 신뢰가 깨진다면 어떠한 일도 믿고 맡기지 못해 조직의 성장에 제약이 있을 것이기 때문입니다. 따라서 저의 검증된 역량으로 ○○회사의 ○○업무에 도움이 되는 인재가 되겠습니다.

Q 전문가의 Tip

지원자의 가치와 목표가 기업과 일치하는지 알아보기 위한 질문입니다. 그렇다고 기업의 가치와 100% 동일할 필요는 없습니다. 방향이 같은지 알아보기 위함입니다. 가치 선택에 막연함을 느낀다면 기업의 인재상을 참고하여 동일한 가치 혹은 유사한 다른 키워드로 이야기할 수 있습니다. 이때 주의할 점은 가치관을 묻는 다른 질문들과 답변의 내용이 상이하지 않도록 일관성을 유지하는 것입니다.

자아인식능력

★ ★ ★ ★ ★

30

주위에서(또는 친구들이) 본인을 어떤 사람이라고 이야기합니까?

🔍 **유사 질문**

○ 주위에서 자신을 어떻게 평가하나?

○ 남들이 자신을 어떤 사람으로 보고 있는가?

○ 별명이 무엇인가요?

○ (경력) 전 직장 상사, 동료는 당신을 어떻게 평가하는가?

면접관의 숨은 의도

● 자신을 객관적으로 분석하고 이해하고 있는가?

● 다른 사람의 이야기를 듣고 수용하고 개선하려는 의지를 보이는가?

● 자신의 강점은 더욱 개발하고 약점은 개선/보완하는가?

● 직무에 적합한 성향을 가지고 있는가?

STEP 1 ▶ 남들로 부터 어떤 사람으로 평가받는지 말합니다.

STEP 2 ▶ 그렇게 평가받는 이유와 근거를 제시합니다.

STEP 3 ▶ 단점을 보완하는 긍정적인 측면에 대해서 설명합니다.

답변 예시

저는 남들로부터 '박카스'라는 말을 많이 듣습니다.

종종 기분이 울적하거나, 비가 오는 날에 상대방의 기분을 업(UP)시켜 주는 한마디를 하곤 하는데, 제게 그런 말을 들은 사람들은 '기분이 좋아진다', '힘이 난다'라는 말을 하며 저에게 '박카스'라는 별명을 지어주었습니다.

다만 너무 기분이 들떠 있거나, 가벼워 보인다는 생각이 들 때가 있어 상황과 때에 맞춰 말하려는 노력을 하고 있습니다.

입사한다면 때와 장소를 알고 '박카스'와 같이 재미와 힘을 주는 분위기 메이커 역할을 하도록 하겠습니다.

전문가의 Tip

지원자가 어떤 성격을 가진 사람인지 알아보는 질문입니다. 지원자 자신의 주관적인 평가보다 타인의 평가나 사례를 통해 답변하는 것이 객관적으로 보일 수 있습니다. 또한 무조건 좋은 면만 강조하면 진정성이 떨어질 수 있으니, 균형잡힌 시각으로 장점과 단점을 같이 언급하는 것도 좋은 방법입니다. 이때, 스스로 부족한 부분을 깨닫고 개선하는 노력을 말하는 것이 중요합니다.

자아관리능력
★★★★★

31

지원 직무와 관련된 본인만의 장점은 무엇입니까?

 유사 질문

○ 자신의 장단점에 대해 말해 보세요.

○ 자신의 직무와 어떻게 연결되는지 설명해 보세요.

○ 내가 남들보다 뛰어나다고 생각하는 점은?

○ 본인의 차별화된 강점이 있나요?

○ 본인의 강점으로 좋은 결과를 얻은 다른 사례가 있다면 무엇인가요?

○ 본인의 장점 3가지를 말해 주세요.

○ 본인의 성격을 한 단어로 표현하여 이를 역량과 연관 지어 말해 보세요.

○ 옆의 지원자보다 자신의 어떤 점이 뛰어나 뽑혀야만 된다고 생각합니까?

○ 지원한 분야에 자신만의 경쟁력이나 강점을 말해 주세요.

○ 다른 사람과 차별화된 능력이 있다면 무엇인지 말해 주세요.

○ 지원 직무와 관련된 본인만의 장점은 무엇입니까?

면접관의 숨은 의도

● 자신을 객관적으로 분석하고 이해하고 있는가?

● 직무에 요구되는 장점이며, 필요한 역량인가?

● 자신에 대한 분석을 바탕으로 회사에 기여하고자 하는 뚜렷한 비전과 목표를 가지고 있는가?

● 역량향상을 위한 self-motivation을 가지고 지속적으로 다양한 노력을 하고 있는가?

STEP 1 ▶ 직무와 관련된 장점을 말합니다.

STEP 2 ▶ 장점이라고 생각하는 이유와 근거(사례)를 제시합니다.

STEP 3 ▶ 직무에 적합한 인재임을 강조합니다.

Q 답변 예시

저의 장점은 문서를 빠르고 정확하게, 그리고 세련되게 작성하는 능력입니다.

대학시절 리포트 작성에 관심을 가지고, 꾸준히 관련된 책을 탐독하고 온라인 강좌를 수강하였습니다. 또한 파워포인트 문서 작성 능력을 키우기 위해 디자인과 포토샵을 배우며 가독성 높은 문서를 만드는 연습을 하였습니다. 실제로 인턴을 할 때 제안서와 기획서 작업을 도와드리거나, SNS 이벤트 포스터 작업을 도맡아서 하면서 저의 능력을 인정받기도 하였습니다.

입사를 한다면 한글, 워드, 파워포인트 등 문서 작성과 관련하여 다양한 역량을 보여드릴 수 있습니다.

Q 전문가의 Tip

직무를 수행하는 데 지원자의 강점이 도움이 되는지 확인하기 위한 질문입니다. 그러므로 자신의 강점이 다른 사람들에 비해 상대적으로 직무와 더욱 밀접하게 관련되어 있으며, 성과를 내는 데 기여하거나 효율적인 업무 처리가 가능하다는 점을 강조해야 합니다.

자아관리능력

★ ★ ★ ★ ★

32

자기개발을 통해 큰 성과(또는 성취감)를 달성한 경험을 말해 주세요.

🔍 유사 질문

○ 지금까지 살면서 자신이 노력하여 성취감을 느낀 일은 무엇입니까?

○ 어려운 상황을 이겨내고 목표를 달성했던 경험을 말해 보세요.

○ 지금까지 무언가 이루었다고 생각하는 것은?

○ 어려웠지만 끝까지 해내어 인정받았던 일은?

○ 작년 한 해 이룬 것 중 가장 뜻 깊은 것은?

○ 달성하기 힘든 목표를 (소기)달성한 사례가 있습니까?

○ 살면서 가장 큰 성취경험은 무엇이며, 이를 위해 노력한 (자기개발) 경험에 대해 말해 보세요.

○ 어려운 상황을 이겨내고 목표를 (조기)달성했던 경험을 말해 보세요.

면접관의 숨은 의도

● 스스로 자신의 역할과 목표를 세우고 목표달성을 위해 노력하고 실천하는가?

● 역량향상을 위한 self-motivation을 가지고 지속적으로 다양한 노력을 하고 있는가?

● 직무비전과 연계되는 자기개발인가?

> **STEP 1** 성취 경험 혹은 성과에 대해서 이야기합니다.

> **STEP 2** 성과를 만들어 낸 구체적인 과정과 자신의 노력을 설명합니다.

> **STEP 3** 이를 통해 느낀 점이나 배운 점을 지원 직무와 연관지어 설명합니다.

Q 답변 예시

저는 후회 없는 대학생활을 위한 자기개발 목표를 세워 3개의 자격증, 300여 시간의 봉사활동, 6개국 12개 도시를 경험할 수 있었습니다.

대학교에 입학한 후 후회 없는 매일을 만들기 위해 자기계발 목표를 세웠습니다. 학기 중에는 반드시 자격증을 하나씩 취득하기 위해 노력하였고, 그 결과 졸업을 앞둔 현재 사회조사분석사를 비롯해 컨벤션기획사 등 3개의 자격증을 취득하였습니다. 방학기간 동안 꾸준히 해온 300여 시간의 봉사활동을 통해 사회에 기여하는 자세를 배우고 다양한 사람들과 인맥을 쌓을 수 있었습니다. 방학 중에는 다양한 국가로 해외여행을 떠나 세상을 바라보는 안목을 키우고 다양성에 대해 이해할 수 있게 되었습니다.

Q 전문가의 Tip

회사는 지속적으로 성장하는 인재를 필요로 합니다. 이 질문은 필요한 성과를 위해 자기개발을 주도적으로 하는지 물어보는 질문입니다. 지원하는 직무와 연관된 자기개발 노력이 있다면 직무 연관성과 적합성에서 더 좋은 평가를 받을 수 있습니다.

자아관리능력
★★★★

33

지원분야와 관련된 전문성을 가지기 위해 어떤 노력을 했습니까?

🔍 유사 질문

○ 자기개발 노력을 말해 보세요.

○ 최고가 되기 위해 자신이 노력하거나 공부한 것이 있는가?

○ 자신의 역량을 향상시키거나 전문성을 가지기 위해 어떤 노력을 했는가?

○ 시간을 투자해서 자신만의 경쟁력을 쌓은 경험을 말해 보세요.

○ 최근에 자기개발을 위해 활동하거나 노력한 사례에 대해서 말해 주세요.

○ 본인 스스로 더욱 성장하기 위해 최근에 자기개발을 한 경험이 있습니까?

○ 능력향상을 위해 최근에 자기개발을 한 경험이 있습니까?

○ 자기개발을 위해 연초에 세운 계획은 무엇입니까?

  만약, 계획대로 진행되지 않았다면 이유를 말해 보세요.

○ 해당 직무에서 전문가가 되기 위해 계획한 것이 있다면 말해 주세요.

면접관의 숨은 의도

● 자신에 대한 분석을 바탕으로 회사에 기여하고자 하는 뚜렷한 비전과 목표를 가지고 있는가?

● 역량향상을 위한 self-motivation을 가지고 지속적으로 다양한 노력을 하고 있는가?

● 직무에 요구되는 전문성(강점)인가?

STEP 1 지원한 분야에 대한 자신의 전문성을 어필합니다.

STEP 2 전문성을 키우기 위해 노력한 경험이나 활동을 설명합니다.

STEP 3 자신이 지원한 직무에 대한 적합성과 향후 비전이나 계획을 제시하며 마무리합니다.

Q 답변 예시

○○직무에서의 전문가란 자신이 가진 이론적 지식을 실무 현장에 반영하여 일을 효율적이면서도 정확하게 처리할 줄 아는 사람이라고 생각합니다. 저는 이때 가장 중요한 것이 커뮤니케이션 스킬이라고 생각합니다. 그래서 저는 커뮤니케이션 스킬을 높이기 위해 관련 책을 탐독하고, ○○활동을 통해 다양한 사람들과의 소통을 끊임없이 실천하고 있습니다. 둘째는 영어 구사능력과 ○○기술 습득입니다. 지원한 업무에 지금 당장 필요하지는 않지만 국내 시장뿐만 아니라 글로벌 시장으로의 진출에 대비하여 비즈니스 영어를 매일 아침 1시간씩 꾸준히 공부하고 있으며, ○○ 자격증 취득을 준비하고 있습니다. 이러한 저의 경험을 바탕으로 지원 직무에서 효과적으로 업무를 수행할 수 있을 것이라 생각합니다.

Q 전문가의 Tip

지원직무에 대한 정확한 커리어 맵을 갖고 이를 위한 준비와 노력을 하고 있는지 묻는 질문입니다. 계획과 목표를 명확하게 하는 것은 성공하는 사람들의 특징입니다. 전문성을 키우기 위한 목표를 세우고 이를 위한 계획을 가지고 실천해 나가고 있다면 훌륭한 인재임이 틀림없기 때문입니다.

자아관리능력

★ ★ ★ ★

34

본인 스스로 더욱 성장하기 위해 최근에 자기개발을 한 경험이 있습니까?

Q 유사 질문

○ 최고가 되기 위해 자신이 노력하거나 공부한 것이 있는가?

○ 자신의 역량을 향상시키거나 전문성을 가지기 위해 어떤 노력을 했는가?

○ 시간을 투자해서 자신만의 경쟁력을 쌓은 경험을 말해 보세요.

○ 최근에 자기개발을 위해 활동하거나 노력한 사례에 대해서 말해 주세요.

○ 능력향상을 위해 최근에 자기개발을 한 경험이 있습니까?

○ 최근 5년 동안에 귀하가 성취한 일 중에서 가장 자랑할 만한 것은 무엇입니까?
  그것을 성취하기 위해 귀하는 어떤 일을 했습니까?

면접관의 숨은 의도

● 뚜렷한 비전과 목표를 갖고 있는가?

● 역량향상을 위해 self-motivation을 가지고 있는가?

● 자기개발을 위한 다각적이고 다양한 노력을 하고 있는가?

● 직무비전과 연계되는 자기개발인가?

Q 답변 전략

STEP 1 ▶ 자기개발 내용에 대해서 설명합니다.

STEP 2 ▶ 목표 달성을 위해 어떠한 노력을 했는지 말합니다.

STEP 3 ▶ 자기개발 노력을 지원 직무와 관련해서 설명하고 자신을 어필합니다.

Q 답변 예시

○○ 업무를 위해 필요한 역량은 경제 전문성이라 생각하여 이를 기르고자 노력했습니다.

교과서 외에 지식을 얻기 위해 경제 신문을 꾸준히 구독하였으며, 단순히 읽는 데 그치지 않고 경제 전반을 이해하기 위해서 스스로 용어집을 만들어 틈틈이 읽으며 지속적으로 데이터를 보완해 나갔습니다.

또한 편협한 시각을 갖지 않기 위해 신문 스터디를 만들어서 서로가 준비한 기사에 대한 생각을 공유하고 의견을 나누며 토론했습니다. 한 발 더 나아가, 이렇게 습득한 지식에 대한 평가를 위해 매경 TEST와 TESAT에도 응시하여 만족할 만한 성과를 거두었습니다.

이런 저의 노력으로 얻은 지식과 정보는 ○○ 업무의 성과를 높이는 데 큰 도움이 될 것이라 생각합니다.

Q 전문가의 Tip

자기개발을 통해 역량을 극대화하여 회사에 기여할 수 있는 인재인지 확인하는 질문입니다. 그러므로 역량향상을 위해 노력하는 모습과 의지가 부각될 수 있도록 답변하면 됩니다.

자아관리능력

★★★

35

자신의 역량을 한 단계 성장시키기 위해 노력했던
경험이 있다면 구체적으로 말해 주세요.

Q 유사 질문

○ 직무를 수행하기 위해 지금까지 어떠한 노력을 했습니까?

○ 지원 직무를 위해 어떤 준비를 했는지 말해 주세요.

○ 지금까지 자신이 가장 노력했던 일은 무엇입니까?

○ 학교 생활하면서 가장 노력했던 일은 무엇입니까? 그리고 노력하여 무엇을 이루었습니까?

○ 자신의 역량을 한 단계 성장시키기 위해 가장 효과가 좋은 자기개발 방법은 무엇인가요?

면접관의 숨은 의도

● 자신의 능력, 적성, 특성 등에 대해 잘 이해하고 있는가?

● 역량향상을 위한 self-motivation을 가지고 지속적으로 다양한 노력을 하고 있는가?

● 어려운 상황에서도 성공 가능요인을 적극적으로 찾아내는가?

● 직무에 요구되는 역량인가?

STEP 1 ▶ 자신이 어떤 역량을 향상시키고자 했는지 말합니다.

STEP 2 ▶ 역량을 향상시키기 위한 나만의 노력에 대해서 설명합니다.

STEP 3 ▶ 노력에 대한 성과나 느낀 점을 이야기합니다.

Q 답변 예시

저는 대학교 학생회 활동에서 리더십과 업무처리 역량을 향상시키기 위해 노력했던 경험이 있습니다. 특히 학생회 임원으로서 재학생들을 위한 복지, 환경, 등록금 문제를 중심으로 1년간 의미있는 성과를 내고 싶었습니다.

그 과정에서 첫째, 각 학부에 담당자를 배정해 학회장 및 재학생들과 적극적으로 소통하며 학생들의 요구사항과 의견을 수렴하였고, 최대한 의견을 반영하여 운영하였습니다. 둘째, 학생들이 가장 필요로 했던 학생 휴게실과 각 학부별 ○○ 기자재를 학교 측과의 협상으로 얻어내어 학생들의 큰 호응을 얻었습니다. 셋째, 전국 대학의 등록금이 인상될 때 우리 대학의 등록금 동결과 도서관 확장 및 시설 확충이라는 결과를 내기 위해 노력하였습니다.

이런 노력으로 학생들의 복지가 향상되었으며, 저 스스로 1년간의 활동을 통해 학생들을 이끄는 리더십과 업무 추진력을 기를 수 있었던 경험이었습니다.

Q 전문가의 Tip

지원 직무를 이해하고 성과를 내기 위해 노력하는 인재인지 알아보는 질문입니다. 역량을 분석하여 보유 지식, 경험, 자세 등을 연결해서 자신감 있게 답하는 것이 중요합니다.

경력개발능력

★★★★★

36

입사 후 포부(비전, 목표)에 대해 말해 보세요.

🔍 **유사 질문**

○ 입사하면 어떤 자세로 업무에 임할 것인가?

○ 회사에서 이루고 싶은 경력목표는?

○ 회사에서 어떤 사람으로 평가받고 싶은가?

○ 우리 회사에서의 자신의 비전을 말해 보세요.

○ 입사하게 된다면 어디까지 승진하고 싶은가요?

면접관의 숨은 의도

● 자신에 대한 분석을 바탕으로 회사에 기여하고자 하는 뚜렷한 비전과 목표를 가지고 있는가?

● 회사에 근무하고자 하는 명확한 목표의식이 있는가?

● 회사 조직(비전, 인재상, 조직문화)과 부합하는가?

● 입사하고자 하는 열의와 명확한 목표의식이 있는가?

● 자신의 경력단계를 이해하고 이에 적절한 경력개발 계획을 수립할 수 있는가?

STEP 1 ▶ 자신의 포부나 비전에 대해서 설명합니다.

STEP 2 ▶ 그렇게 생각하는 이유를 제시합니다.

STEP 3 ▶ 지원회사 혹은 직무와 연관지어 설명하며 마무리합니다.

Q 답변 예시

○○회사의 임원이 되는 것이 저의 입사 목표이자 포부입니다.

임원이 되기 위하여 저는 크게 2가지 노력을 기울일 것입니다. 첫째는 다양한 업무 역량을 기르는 것입니다. 제가 담당하는 업무뿐만 아니라 회사 전체를 바라보는 시각을 가지기 위해서는 유기적으로 움직이는 부서별 업무에 대한 지식과 경험이 필요하다고 생각합니다. 둘째는 네트워킹입니다. 회사 내부적인 네트워킹으로 업무의 효율성과 정확성을 높이고, 외부의 네트워킹으로 폭넓은 정보를 수집하고 도움을 얻을 수 있기 때문에 중요한 요소라고 생각합니다.

입사를 한다면 다양한 업무 역량과 유기적인 대내외 네트워킹을 가지기 위해 노력하는 신입사원이 되겠습니다.

Q 전문가의 Tip

포부나 비전을 이야기할 때 단순히 ○○가 되겠다는 역할이나 직책, 직무 등을 제시하는 것은 좋지 않습니다. 꿈이나 목표에 대한 환상만 가지고 있는 것이 아니라 구체적인 실현계획과 철저한 직무/기업분석이 필요합니다. 입사 후 포부를 답할 때는 계획을 반드시 답변하기 바랍니다.

경력개발능력

★★★★★

37

10년 후 자신의 모습은 어떨 것이라 생각합니까?

🔍 유사 질문

○ 10년 후 무엇을 하고 있을 것 같은가?

○ 10년 후 포부는? (10년 후 인생목표/비전)

○ 앞으로 10년간 커리어를 어떻게 쌓아나갈 것인가?

○ 어떤 사람이 되고 싶습니까?

○ 5년 후 자신의 모습을 그려 보세요. 무엇을 하고 있을 것 같은가?

○ 20년 후, 본인은 어떻게 실고 있을 것 같나요?

면접관의 숨은 의도

● 비전과 목표, 해야 할 업무에 대해 구체적으로 이해하고 있는가?

● 지원회사에 근무하고자 하는 명확한 목표의식이 있는가?

● 역량향상을 위한 self–motivation을 가지고 노력하는가?

● 회사의 비전과 방향에 부합되는 인재인가?

● 자신의 경력단계를 이해하고 이에 적절한 경력개발 계획을 수립할 수 있는가?

STEP 1   10년 후의 모습을 단어나 문장으로 표현합니다.

STEP 2   그렇게 표현한 이유에 대해서 설명합니다.

STEP 3   지원회사 혹은 직무와 연관지어 설명하며 마무리합니다.

Q 답변 예시

10년 후 저는 ○○분야의 전문가가 되어 있을 것입니다.

그 이유는 제가 ○○전문가로서 지식과 기술만을 익히는 것이 아니라 현장(고객)의 소리도 함께 귀 기울일 줄 아는 역량을 갖춘 사람이기 때문입니다. 또한 선배로서 후배 직원들을 항상 배려하고, 직무에 대한 노하우를 전달하여 팀으로써 조직에 기여하는 직원이 될 것입니다. 개인적인 측면으로는 집을 구매하고, 행복한 가족을 가졌을 것이라 생각입니다. 일에서는 해당 분야의 전문가로, 개인적으로는 안정적인 삶을 가지는 것이 저의 10년 후의 모습이며, 이러한 성공적인 저의 모습을 만드는 첫걸음은 ○○회사의 ○○지원 분야에 입사하는 것이라고 생각합니다.

Q 전문가의 Tip

경력개발능력을 알아보고자 하는 질문으로, 5년 후, 10년 후, 20년 후 자신의 경력커리어와 비전을 말해야 합니다. 이때 직무와 관련된 목표만을 이야기하지 말고 자신의 개인적인 삶의 비전에 대해서도 함께 이야기한다면 보다 균형적인 모습을 보여줄 수 있습니다.

경력개발능력

★★★★

38

우리 회사에서 가장 필요한 능력은 무엇이라고 생각합니까?

🔍 **유사 질문**

○ 우리 회사 업종에서 가장 중요한 것은 무엇이라고 생각합니까?

○ 우리 업계에서 필요한 자세는 무엇입니까?

○ 당사 업종에서 필요한 능력(능력/자질)은?

○ 직장 생활에서 가장 중요한 덕목은?

면접관의 숨은 의도

● 자신에 대한 분석을 바탕으로 회사에 기여하고자 하는 뚜렷한 비전을 가지고 있는가?

● 미래에 요구되는 능력, 지식, 경험이 무엇인지를 파악하고 노력하고 준비하는 역량을 가지고 있는가?

● 역량향상을 위한 self-motivation을 가지고 있는가?

● 조직의 비전과 직무에 요구되는 역량인가?

🔍 답변 전략

STEP 1 ▶ 가장 중요하게 생각하는 능력을 한 가지로 제시합니다.

STEP 2 ▶ 그렇게 설명한 이유에 대해서 설명합니다.

STEP 3 ▶ 지원회사 혹은 직무와 연관지어 설명하며 마무리합니다.

🔍 답변 예시

소통 능력이 가장 중요하다고 생각합니다.

조직생활에서 직무 수행 시 소통이 되지 않는다면, 불필요한 오해로 인한 갈등이 발생할 수 있고, 업무의 목표 달성 효율이 떨어지기 때문입니다. 저는 이런 소통 역량의 중요성을 인지하고 팀 프로젝트나 단체 활동에서 일방적인 소통을 하기보다는 다른 사람의 의견을 존중하고 적극적으로 의견을 제시해 공동의 목표를 달성하기 위하여 노력할 것입니다.

○○회사에 입사한다면, 선배나 동료의 의견을 귀담아듣고 수용하며, 공동의 목표에 부합하는 저의 의견을 정확히 전달하면서 부서에 도움이 될 수 있는 인재로 성장해 나가겠습니다.

🔍 전문가의 Tip

회사에 필요한 능력을 답변하는 방법에는 두 가지 방식이 있습니다. 직무역량 중심의 답변, 태도 중심의 답변입니다. 직무역량 중심으로 답변할 경우 본인이 가지고 있는 지식이나 스킬을 해당 직무와 연계해서 전문성을 어필하면 좋습니다. 태도 중심으로 답변할 경우 희생정신, 책임감, 협업정신, 주인의식 등으로 직무 관련성은 떨어지지만, 조직 생활을 하는 데 반드시 필요한 능력임을 강조하며 답변하면 됩니다.

경력개발능력

★ ★ ★

39

입사 후 자기개발을 한다면, 무엇을 할 것인지 말해 보세요.

Q 유사 질문

○ 입사 후 자기개발 계획은?

○ 입사하여 자신을 어떻게 발전시킬 것인가?

○ 입사 후 첫 번째 주 휴일에 무엇을 할 것인가?

○ 입사 후, 역량개발을 위한 자기개발(성장)계획을 말해 주세요.

면접관의 숨은 의도

● 자신에 대한 분석을 바탕으로 회사에 기여하고자 하는 뚜렷한 비전과 목표를 가지고 있는가?

● 역량향상을 위한 self-motivation을 가지고 노력하는가?

● 자신의 경력단계를 이해하고 이에 적절한 경력개발 계획을 수립할 수 있는가?

● 개인과 조직에 필요한 개발역량인가?

● 입사 후 역량개발 계획과 회사에 대한 목표가 있는가?

STEP 1 ▶ 자기개발하고 싶은 내용이나 계획에 대해서 설명합니다.

STEP 2 ▶ 그렇게 설명한 이유를 이야기합니다.

STEP 3 ▶ 지원회사 혹은 직무와 연관지어 설명하며 마무리합니다.

Q 답변 예시

만약 ○○ 회사에 입사하게 된다면 직무역량을 높일 수 있는 활동을 지속적으로 할 예정입니다. 첫째, 직무관련 이슈나 정보 수집을 게을리하지 않겠습니다. 매일 뉴스와 관련 보고서를 확인하고 그날의 이슈를 정리하여 숙지할 것입니다. 이는 빠른 업무 이해와 적응에 도움이 될 것이라 생각합니다. 둘째는 외국어 공부를 꾸준히 하겠습니다. 업무 특성상 외국어는 중요한 부분이므로 출퇴근 및 저녁시간을 이용해 매일 외국어 공부를 하겠습니다. 셋째는 건강관리를 철저히 하겠습니다. 어떤 일이든 체력이 약해지면 의욕도 감소한다고 생각합니다.

Q 전문가의 Tip

끊임없는 자기개발을 위해 동기를 갖고 학습하는 능력을 가지고 있는지 물어보는 질문입니다. 단순히 무엇을 하고 싶다는 추상적인 내용이나 하고 싶은 내용을 나열하는 방식은 지양하고 하고 싶은 자기개발을 명확하게 말하고 이를 위한 경력개발 계획과 실행계획을 가지고 있음을 함께 이야기해야 합니다.

CHAPTER 05

역량별면접답변전략

자원관리능력

05
Chapter

자원관리능력

자원관리능력이란 업무를 수행하는 데 필요한 시간, 자본, 재료 및 시설, 인적자원 등이 얼마나 필요한지 확인하고, 이용 가능한 자원을 최대한 수집하여 실제 업무에 어떻게 활용할 것인지를 계획하고, 계획한 대로 업무 수행에 자원을 할당하는 능력입니다.

- 자원관리능력은 직장생활에서 필요한 자원을 확인하고, 확보하여 업무수행에 이를 할당하는 능력입니다.
- 오늘날과 같이 기업환경이 격변하는 상황 속에서 직업인들은 계획대로 업무수행을 하고 업무성과를 높이기 위해서 각종 자원을 효율적으로 관리해야 합니다.
- 무한 경쟁시대에 동일한 양의 자원을 투입하여 좀 더 높은 성과를 내고 경쟁우위를 확보하기 위해서 자원관리능력의 향상을 요구하고 있습니다.

◐ 의사소통능력 하위능력

시간관리능력	업무 수행에 필요한 시간을 확인하고, 이용 가능한 시간자원을 최대한 수집하여 실제 업무에 어떻게 활용할 것인지를 계획하고 할당하는 능력
예산관리능력	업무 수행에 필요한 자본(예산)을 확인하고, 이용 가능한 자본자원을 최대한 수집하여 실제 업무에 어떻게 활용할 것인지를 계획하고 할당하는 능력
물적자원관리능력	업무수행에 필요한 재료 및 시설을 확인하고, 이용 가능한 재료 및 시설자원을 최대한 수집하여 실제 업무에 어떻게 활용할 것인지를 계획하고 할당하는 능력
인적자원관리능력	업무수행에 필요한 인적자원을 확인하고, 이용 가능한 인적자원을 최대한 수집하여 실제 업무에 어떻게 활용할 것인지를 계획하고, 할당하는 능력

기업에 주어진 시간과 돈, 인적 · 물적 자원은 한정적입니다. 그래서 한정적인 자원을 효과적이면서도 효율적으로 활용하고 운영할 수 있는 역량이 필요합니다. 자원에 대한 인식이 부족하고, 자원 관리에 비계획적이거나 노하우가 부족할 경우 한정된 자원을 낭비할 수 있기 때문입니다.

자원관리능력 면접에는 다음과 같은 주요 point로 평가하게 됩니다.

● 업무수행에 필요한 자원(인적, 물적, 시간)을 파악하여 효율적으로 활용하는 능력이 있는가?
● 자원관리에 대한 강점과 차별성이 있는가?
● 자신의 역할과 목표를 확인하고 실천하는 능력이 있는가?
● 다른 대안이나 보완 방법을 찾으려는 노력을 했는가?
● 자신의 능력과 적성을 파악하는 능력이 있는가?
● 자신이 속한 조직 및 주위환경의 특성을 고려하여 목표를 수립할 수 있는 능력이 있는가?

KEYWORDS

우선순위 선정, 시간확보, 예산마련, 계획성, 구체성, 일관성, 분석적 판단

자기개발능력 자가진단지

자원관리능력 수준을 스스로 알아볼 수 있는 체크리스트입니다.
본인의 평소 행동을 생각해 보고, 행동과 일치하는 것에 체크해 보시기 바랍니다.

No	문항	그렇지 않은 편이다	그저 그렇다	그런 편이다
1	나는 자원의 종류를 설명할 수 있습니다.	1	2	3
2	나는 자원관리의 중요성을 설명할 수 있습니다.	1	2	3
3	나는 자원의 낭비요인에 대하여 설명할 수 있습니다.	1	2	3
4	나는 효과적인 자원관리 과정을 설명할 수 있습니다.	1	2	3
5	나는 시간의 개념 및 특성에 대하여 설명할 수 있습니다.	1	2	3
6	나는 시간관리의 중요성에 대하여 설명할 수 있습니다.	1	2	3
7	나는 시간낭비 요인을 설명할 수 있습니다.	1	2	3
8	나는 효과적으로 시간계획을 세울 수 있습니다.	1	2	3
9	나는 예산관리의 개념을 설명할 수 있습니다.	1	2	3
10	나는 예산관리의 중요성을 설명할 수 있습니다.	1	2	3
11	나는 예산의 구성 요소를 설명할 수 있습니다.	1	2	3
12	나는 예산 수립에 효과적인 방법을 설명할 수 있습니다.	1	2	3
13	나는 일상생활에서 나에게 주어진 돈을 효율적으로 관리할 수 있습니다.	1	2	3
14	나는 물적자원의 종류를 설명할 수 있습니다.	1	2	3
15	나는 물적자원관리의 중요성을 설명할 수 있습니다.	1	2	3
16	나는 물적자원 활용의 방해요인을 설명할 수 있습니다.	1	2	3
17	나는 효과적인 물적자원관리 과정을 설명할 수 있습니다.	1	2	3
18	나는 다양한 기법을 활용하여 물적자원을 관리할 수 있습니다.	1	2	3
19	나는 인적자원의 개념과 의미를 설명할 수 있습니다.	1	2	3
20	나는 인적자원관리의 중요성을 설명할 수 있습니다.	1	2	3
21	나는 개인차원에서의 효과적인 인적자원관리 방법을 설명할 수 있습니다.	1	2	3
22	나는 팀 작업에서의 효과적인 인적자원관리 방법을 설명할 수 있습니다.	1	2	3

• 1~4 : 자원관리능력 • 5~8 : 시간관리능력 • 9~13 : 예산관리능력
• 14~18 : 물적자원관리능력 • 19~22 : 인적자원관리능력

자원관리능력
★ ★ ★

40

한정된 자원(인적, 물적, 시간)을 효율적으로 활용한 경험을 말해 주세요.

🔍 유사 질문

○ 학교나 조직 등에서 한정된 자원(인적, 물적, 시간)으로 어려웠던 과제를 효율적으로 해결했던 경험을 말해 주세요.

○ 제한된 자원(시간, 비용, 인력 등)에도 불구하고 목표를 달성한 경험은?

○ 한정된 자원을 활용하여 최상의 결과를 얻었던 경험은?

○ 목표와 관련하여 시간, 자본, 시설, 인적자원 등을 계획하고 달성해 본 경험이 있습니까?

면접관의 숨은 의도

● 업무수행에 필요한 자원(인적, 물적, 시간)을 파악하여 효율적으로 활용하는 능력이 있는가?

● 자원관리에 대한 강점과 차별성이 있는가?

● 자신의 역할과 목표를 확인하고 실천하는 능력이 있는가?

● 다른 대안이나 보완 방법을 찾으려는 노력을 했는가?

STEP 1 ▶ 한정된 자원을 활용한 경험을 간략하게 설명합니다.

STEP 2 ▶ 활동 과정과 본인의 노력에 대해서 이야기합니다.

STEP 3 ▶ 배운 점 또는 개선할 점을 말합니다.

Q　답변 예시

대학 창업 아이디어 공모전에서 갑작스러운 구성원 탈퇴에도 불구하고 좋은 성과를 낸 경험이 있습니다.

각자 역할 분담까지 마친 상황에서 조원 중 1명이 갑자기 참여하지 못하는 일이 발생하였습니다. 포기할 수 없는 상황에서 남은 조원들과의 협력을 위해 3가지를 실천했습니다. 첫째, 남은 조원들에게 끝까지 할 수 있다는 동기 부여를 해주었습니다. 둘째, 남은 조원들과 협의하여 각자의 역량을 점검하고, 자신 있는 부분을 더욱 집중해서 할 수 있도록 보다 더 명확한 역할 배정을 하였습니다. 셋째, 내용 준비에 들어가기 전에 꼭 해야 할 일과 불필요한 부분을 회의를 통해서 철저히 검토하여 시간을 절약할 수 있었습니다.

조원의 탈퇴로 정해진 마감시간이 더욱 짧게 느껴졌지만 각자 더욱 집중할 수 있도록 하였기 때문에 정해진 시간에 모두 만족하는 결과물을 낼 수 있었습니다.

Q　전문가의 Tip

회사는 한정된 자원을 효율적으로 사용하는 인재를 선호하며, 이때, 효율의 핵심은 선택과 집중입니다. 회사의 자원(시간, 사람, 예산)을 중요도에 따라 구분하고 주어진 자원을 활용하여 최대한 성과를 낸 경험을 이야기하면 됩니다.

자원관리능력

★

41

여러 가지 일이 한번에 겹치게 된다면 어떻게 처리하겠습니까?

Q **유사 질문**

○ 동시에 여러 가지 일을 성공적으로 수행한 경험이 있습니까? 만약 없다면, 어떻게 처리하겠습니까?

○ 동시에 여러 가지 일을 성공적으로 수행한 경험을 말해 주세요.

○ 동시 다발적으로 일을 수행해 본 경험을 말해 보세요.

○ 여러 가지 일이 한번에 겹치면 어떻게 처리할 생각입니까?

○ 여러 명의 상사가 동시에 일(또는 한 명의 상사가 여러 일)을 시킨다면 어떻게 대처하겠습니까?

면접관의 숨은 의도

● 업무수행에 필요한 자원(인적, 물적, 시간)을 파악하여 효율적으로 활용하는 능력이 있는가?

● 자원관리에 대한 강점과 차별성이 있는가?

● 어려운 상황에서도 성공 가능 요인을 적극적으로 찾아내는가?

● 다른 대안이나 보완할 방법을 찾으려는 노력을 했는가?

● 본인만의 기준으로 일을 처리하는 방법을 제시하는가?

● 자신의 역할과 목표를 확인하고 실천하는 능력이 있는가?

STEP 1 본인의 일 처리 기준에 대해 설명합니다.

STEP 2 그 이유는 무엇이며, 사례가 있다면 구체적으로 제시합니다.

STEP 3 자신의 일 처리 방법을 지원 업무와 연관시켜 이야기합니다.

Q 답변 예시

다양한 일을 처리할 때 제가 우선순위를 판단하는 기준은 마감기한, 일의 수준 및 업무량, 중요도입니다. 마감기한을 우선순위로 생각하고 가장 급한 일을 먼저 처리하는 것이 우선이라고 생각합니다. 모든 일에는 타이밍이 있기 때문에 그 시기를 놓치면 안 된다고 생각하기 때문입니다. 이후 일의 수준이 낮고 업무량이 많지 않은 일부터 빨리 처리하고, 마지막으로 중요하고 업무량이 많은 일을 집중해서 처리하겠습니다. 관련해서 대학시절 하루 동안 개인적으로 처리해야 하는 일과 학교 수업에서의 현장 답사, 기초 도면을 완성해야 하는 일이 겹친 적이 있었습니다. 저는 우선 현장 사람들과 약속된 시간에 맞춰 현장답사를 수행한 후, 비교적 단순한 개인적인 일을 처리했습니다. 이후, 일의 수준이 높고 업무량이 많은 기초 도면을 집중적으로 작업해서 업무의 완성도를 올릴 수 있었습니다. 직장 내의 업무에서도 일의 중요도와 수준, 마감기한을 정확히 알고 그에 따라 작업 스케줄을 계획한다면 더욱 효과적인 업무능력을 발휘할 수 있다고 생각합니다.

Q 전문가의 Tip

일의 우선순위를 정하고 그에 따른 효과적인 자원 배분을 할 수 있는지를 평가하는 질문입니다. 회사의 모든 일은 중요합니다. 하지만 상대적으로 덜 중요한 일은 있습니다. 자신만의 명확한 판단 기준과 합리적인 근거를 제시하며 일의 우선순위를 정한 경험을 설명하면 됩니다.

시간관리능력

★

42

주어진 시간을 최대한 활용하여 효율적인 성과를 낸 경험이 있나요?

🔍 **유사 질문**

○ 시간이 촉박한 시험 기간에 어떻게 시간관리를 했나요?

○ 평소 자신만의 시간관리 방법을 말해 주세요.

면접관의 숨은 의도

● 업무수행에 필요한 시간 자원을 파악하여 구체적인 계획을 수립할 수 있는가?

● 시간관리에 대한 자신만의 기준, 강점, 차별성이 있는가?

● 효과적인 시간관리를 통해 맡은 업무를 잘 처리하는가?

STEP 1 ▸ 해당 경험의 내용 및 상황을 설명합니다.

STEP 2 ▸ 자신이 노력한 과정을 이야기합니다.

STEP 3 ▸ 배운 점 또는 개선할 점을 말합니다.

Q 답변 예시

동기 5명과 ○○지역 상권분석이라는 팀 프로젝트를 진행한 적이 있습니다.

다른 팀들보다 늦게 참여하게 되어 시간이 절대적으로 부족한 상황이었습니다. 당시 저는 불리한 조건을 해결하기 위해 고민하였고, 3가지 방안을 제시했습니다. 첫째, 프로젝트 목적과 결과물 목표에 따른 업무 진행 프로세스를 만들었습니다. 둘째, 업무 진행 프로세스에 따른 조원의 역할 및 담당업무를 명확하게 구성하였습니다. 셋째, 각자 담당업무의 마감시간을 진행 프로세스에 따라 철저하게 지키도록 했습니다.

조원 모두 명확한 목표를 갖고 움직이다 보니 불리한 시간 조건을 해결할 수 있었고, 더불어 각자 동기 부여도 될 수 있었습니다. 팀 활동 시 공동의 목표 설정과 자발적인 노력, 정확한 업무 분담이 중요하다는 것을 다시 한번 깨닫게 되었습니다.

Q 전문가의 Tip

같은 자원이 있어도 이를 효율적으로 활용하는 사람이 있는가 하면 그렇지 못한 사람도 있습니다. 시간관리능력은 시간을 업무의 중요도에 맞게 적절히 안배하고 의견을 잘 조율할 수 있는지와 이를 위해 다른 사람의 긴밀한 협조나 도움을 구할 수 있는 능력이 있는지를 평가하는 질문입니다.

시간관리능력

★ ★

43

일정이 다급한 업무를 성공적으로 완수할 수 있도록
시간을 배정하고 준비한 경험을 말해 주세요.

Q **유사 질문**

○ 효율적으로 시간을 사용한 경험을 말해 보세요.

○ 시간을 효율적으로 관리하여 성공적으로 일을 마무리한 경험을 말해 보세요.

면접관의 숨은 의도

● 업무수행에 필요한 시간 자원을 파악하여 구체적인 계획을 수립할 수 있는가?

● 시간관리에 대한 자신만의 기준, 강점, 차별성이 있는가?

● 일을 완수할 때까지 열정적으로 임하고 성취를 위한 지속적인 노력을 기울이는가?

Q 답변 전략

STEP 1 ▶ 해당 경험의 내용 및 상황을 설명합니다.

STEP 2 ▶ 한정된 시간을 효과적으로 활용하기 위해 어떤 노력을 했는지 이야기합니다.

STEP 3 ▶ 경험의 결과를 말합니다.

Q 답변 예시

○○ 식당에서 아르바이트를 하면서, 시간관리를 통해 업무 효율을 높였던 경험이 있습니다. 제가 근무했던 식당은 창고 정리가 되지 않아 바쁜 시간에 제품을 찾느라 시간을 허비해 버리는 문제가 있었습니다. 저는 이를 개선하고자 창고 정리 계획을 수립하고, 고객이 별로 없는 평일 오전 시간에 제품의 입고 날짜 순서와 오른쪽 우선 사용 기준을 정하고 정리해 나갔습니다. 덕분에 바쁜 시간에 제품을 찾는 데 시간이 2배 이상 단축되었고, 무엇보다 주방 담당자들이 편하게 일할 수 있어 분위기까지 좋아졌습니다. 이러한 경험을 통해 업무 수행 중 발생하는 자투리 시간을 전략적으로 활용하여 일의 효율을 훨씬 높일 수 있다는 사실을 깨닫게 되었습니다.

Q 전문가의 Tip

개인과 조직에게 주어진 시간은 같지만 가용할 수 있는 시간을 최대한 확보하여, 어떻게 활용할 것인지 시간 계획을 수립하고 이에 따라 효율적으로 활용하는 관리 능력이 필수적입니다. 자신만의 시간계획을 효율적으로 사용하는 방법을 어필하는 것이 중요합니다.

시간관리능력
★ ★

44

팀 과제에서 일정이 맞지 않은 팀원이 있다면 어떻게 조율하겠습니까?

Q **유사 질문**

○ 팀 과제에서 일정변경 요구에 대응하여 서로 간의 시간과 자원을 조율하여 프로젝트를 추진한 경험이 있다면 말씀해 주시기 바랍니다. (아르바이트, 인턴십, 대학생활, 교육경험 등)

면접관의 숨은 의도

● 업무수행에 필요한 시간 자원을 파악하여 구체적인 계획을 수립할 수 있는가?

● 시간관리에 대한 자신만의 기준, 강점, 차별성이 있는가?

● 일을 완수할 때까지 열정적으로 임하고 성취를 위한 지속적인 노력을 기울이는가?

STEP 1 질문에 따른 상황을 제시합니다.

STEP 2 시간을 조율하거나 효율적으로 일을 진행하는 방법을 제시합니다.

STEP 3 그 과정에서 배운 점을 말합니다.

Q 답변 예시

○○○프로젝트를 5명이 진행한 경험이 있습니다. 마감까지 남은 시간이 많지 않았고, 조원들이 각자 자신 있는 부분을 맡아 빠르게 진행해야 하는 상황이었습니다.

하지만 프로젝트 수행 도중 현장답사가 있는 날 조원 중 일부가 일정 변경을 요청하였습니다. 현장과 약속되어 있는 상황이었고, 마감 시간이 촉박해 더 이상 일정을 미룰 수는 없는 상황에서 저는 해당 조원이 현장에서 해야 할 구체적 업무를 인수인계받았고, 다른 조원들 중 그 업무를 처리할 수 있는 조원과 일정을 조율하여 정해진 시간에 현장답사를 무사히 마칠 수 있었습니다.

이러한 해결 과정을 통해 예기치 못한 일정 변경은 늘 발생할 수 있다는 사실을 깨달았고, 이에 유연하게 대처하는 능력을 기를 수 있었습니다.

Q 전문가의 Tip

프로젝트에서 시간관리를 효율적으로 할 수 있는지를 확인하는 질문입니다. 업무의 중요도에 맞게 시간을 적절히 안배하는 능력뿐만 아니라, 구성원들 사이에서 의견을 조율하는 의사소통 능력도 포함된 질문이니 두 가지 내용을 함께 어필할 수 있도록 답변합니다.

시간관리능력

★★★★

45

평소 여가시간에 무엇을 하는지 말해 주세요.

🔍 **유사 질문**

○ 주말, 휴일이나 여가시간에 주로 무엇을 하십니까?

○ 휴일은 보통 어떻게 보내십니까?

○ 지난 주말에 무엇을 하였습니까?

○ 여가시간에 주로 무엇을 하십니까?

○ 시간여유가 있을 때 가장 하고 싶은 일은?

면접관의 숨은 의도

● 시간관리에 대한 자신만의 기준, 강점, 차별성이 있는가?

● 자신의 역할과 목표를 이해하고 실천하는 능력이 있는가?

● 효과적인 시간관리를 통해 맡은 업무를 잘 처리하는가?

● 스트레스를 조절하고 해소할 수 있는 방법을 아는가?

STEP 1 ▶ 여가활동 내용을 이야기합니다.

STEP 2 ▶ 활동의 이유를 제시합니다.

STEP 3 ▶ 활동을 통한 효과나 개선된 점을 설명합니다.

Q 답변 예시

매주 주말마다 동호회에서 축구를 하고 있습니다.

팀으로 하는 운동이다 보니 팀워크의 중요함도 느낄 수 있고, 운동을 통해 체력도 유지하고, 다양한 분야의 사람들과 만나는 긍정적 시너지가 있습니다. 저에게 있어 여가 활동은 주중의 스트레스를 날리고 리프레시할 수 있는 시간이기 때문에 꾸준히 해오고 있습니다. 동호회에 매우 열심히 참여하게 되면서 현재는 동호회 임원 역할도 맡고 있습니다.

이러한 저의 여가 활동이 한 주를 활기차게 하여 업무에 효율성을 높일 수 있으리라 생각합니다.

Q 전문가의 Tip

이 질문을 통해 면접관이 알고 싶은 것은 지원자의 취미 생활 그 자체가 아닙니다. 이 질문의 이면에는 평소 지원자가 자기 관리나 시간 관리를 어떻게 하고 있는지를 확인하고 싶은 의도가 숨겨져 있습니다. 이 질문에는 취미생활 자체를 이야기하는 것보다 그 취미생활이 어떤 이점이 있는지를 설명하고, 향후 지원자의 회사 생활에 어떤 도움이 될지를 이야기하는 것이 좋습니다. 일도 중요하지만 평소의 시간을 어떻게 발전적인 방향으로 쓰고 있는지 시간관리능력을 어필하면 됩니다.

예산관리능력

★

46

예산을 효과적으로 운영하기 위해 계획을 수립/관리한 경험이 있나요?

Q 유사 질문

○ 예산절감을 위해 계획을 수립해 본 적이 있나요?

○ 비용을 줄이거나 효과적인 예산을 운영하기 위해 계획을 수립해 본 경험이 있나요?

○ 당신은 제한된 예산 안에서 회사의 워크숍을 준비해야 합니다.
　주어진 예산을 어떻게 규모 있게 사용할 것인가요?

○ 최근에 어떠한 목표 달성을 위해 예산을 파악해 본 적이 있습니까?

면접관의 숨은 의도

● 업무수행에 필요한 (예산)자원을 파악하여 체계적인 계획을 수립하는 능력이 있는가?

● 예산 · 통제에 대한 관리능력을 보유하고 있는가?

● 예산관리에 대한 자신만의 지식, 기술, 경험이 있는가?

Q 답변 전략

STEP 1	경험한 상황을 말합니다.
STEP 2	문제를 보다 효과적으로 해결하기 위해 본인이 어떤 역할을 했는지 설명합니다.
STEP 3	이를 통해 성취한 경험이나 배운 점을 이야기합니다.

Q 답변 예시

학교 ○○동아리에서 총무를 맡은 적이 있습니다. 예산이 많지 않아 항상 사용할 수 있는 돈이 부족했습니다. 그래서 저는 효과적인 예산 활용 계획을 수립하여 이 문제를 해결했습니다.

우선 1년간 동아리 운영 업무에서 예산이 지출되는 예상 항목을 모두 분석 정리하였습니다. 정리된 지출 내역에서 고정비와 변동비를 나눴고, 고정비 중 예산 절감 항목을 찾아내 10% 이상 절감하였으며, 변동비는 꼭 지출해야 할 비용 외에 나머지 것에 대해서는 임원진과 협의하여 지출을 줄여 나갔습니다.

그 결과 연말에는 예산이 남았고, 남은 예산으로 ○○○하여 동아리 활성화에 도움을 주었던 경험이 있습니다. 이를 통해 철저히 분석하고 노력하면 틈이 생긴다는 교훈을 얻을 수 있었고 향후 조직생활을 함에 있어서도 이런 자세로 예산을 효율적으로 관리하기 위해 노력해 나가겠습니다.

Q 전문가의 Tip

질문의 핵심은 필요한 예산을 파악하고 시행착오를 최소화할 수 있는 방법에 대한 질문입니다. 예산이 필요한 상황에 대한 분석력을 바탕으로 효과적으로 해결했던 경험 사례를 어필하면 좋은 답변이 됩니다.

예산관리능력

★

47

당신은 한정된 예산으로 회사의 워크숍을 준비해야 한다면
주어진 예산을 어떻게 효율적으로 사용할 것인가요?

Q 유사 질문

○ 예산절감을 위해 계획을 수립해 본 적이 있나요?

○ 비용을 줄이거나 효과적인 예산을 운영하기 위해 계획을 수립해 본 경험이 있나요? 있다면 어떤 방법을 활용했나요?

○ 당신은 제한된 예산 안에서 회사의 워크숍을 준비해야 합니다. 주어진 예산을 어떻게 규모 있게 사용할 것인가요?

면접관의 숨은 의도

● 업무수행에 필요한 (예산)자원을 파악하여 체계적인 계획을 수립하는 능력이 있는가?

● 예산관리에 대한 자신만의 지식, 기술, 경험이 있는가?

● 예산 · 통제에 대한 관리능력을 보유하고 있는가?

● 목적에 따른 예산 우선 순위를 전개하는 능력이 있는가?

STEP 1 ▶ 예산의 효율적인 사용방법에 대해 말합니다.

STEP 2 ▶ 그렇게 생각한 이유나 관련된 경험이 있다면 이야기합니다.

STEP 3 ▶ 지원한 직무와의 관련성 및 적합성에 대해 어필합니다.

답변 예시

우선, 회사의 워크숍 내용을 정확히 이해하고 워크숍 목적에 따른 지출 항목을 뽑을 것입니다.
그 다음 두 가지 방법으로 효율적인 예산 운영을 하겠습니다.
첫째는 예산 지출 항목별 우선순위를 워크숍 운영 담당자와 협의하여 설정하고, 정해진 예산 범위 내에서 지출 항목을 결정하겠습니다. 둘째는, 지출 항목에 따라 예산을 절감할 수 있는 부분을 파악하기 위해 철저하게 비교 견적을 시행하고 발품을 파는 등 노력을 기울이도록 하겠습니다.
그러면서도 워크숍의 목적을 잊지 않고 직원들의 편의에도 해를 끼치는 일이 없도록 만반의 준비를 하겠습니다.
어떤 일을 하든 공동의 목표 달성을 위해 책임감을 가질 것이며 그러기 위해 항상 주어진 예산을 철저하게 분석해서 기존의 방식보다 효율적이고 효과적으로 운영할 수 있는 직원이 되겠습니다.

전문가의 Tip

회사의 돈이 많다고 해서 넉넉하게 사용할 수 있는 것은 아닙니다. 필요한 곳에 꼭 필요한 만큼만 예산을 사용해야 하는데 이를 효율적으로 사용하는 관리능력이 중요합니다. 답변의 핵심은 행사에 책정된 비용보다 실제 집행한 비용이 적었던 경험을 이야기하면서 자신만의 효율적인 예산관리 방법을 이야기하면 좋은 답변이 됩니다.

인적관리능력

★

48

조직을 위한 인재 배치의 이상적인 방안에 대해 말해 보세요.

Q **유사 질문**

○ 인재의 적절한 배치는 어떻게 할 것인지 말해 주세요.

○ 팀 단위, 조직단위로 일해야 하는 상황에서 당신이 리더라면 어떻게(어떤 기준) 일을 배분하고 처리할 것인가요?

○ 근로시간 단축으로 인해 인사팀에서 가장 빠르게 준비해야 할 것은 무엇이라고 생각하나요?

면접관의 숨은 의도

● 비즈니스에 대해 이해하고, 이에 대한 관련 지식이 있는가?

● 인적관리에 대한 자신만의 지식, 기술, 경험이 있는가?

● 업무수행에 필요한 인적자원을 객관적으로 파악하여 효율적으로 배분하고 계획하는가?

● 조직 공동의 이익을 위한 효율적인 방안인가?

STEP 1 ▶ 인재를 배치하는 기준이나 자신만의 노하우에 대해서 설명합니다.

STEP 2 ▶ 이유와 근거(사례)를 제시합니다.

STEP 3 ▶ 이를 통해 지원직무, 지원회사에 어떤 역할을 할 수 있는지 어필합니다.

Q 답변 예시

이상적인 인재 배치 방안에 대해 말씀드리겠습니다.

먼저 각 팀의 현재 업무량과 진행 상황, 팀 역량 등을 점검해야 할 것입니다. 둘째로 팀의 전문성과 역량을 고려하여 업무를 배정하겠습니다. 셋째는 가장 중요한 것은 구성원들과의 소통을 통한 업무 배정입니다. 일방적 업무 배정이 아닌 팀별 소통을 통해 각 팀의 의견을 듣고 조율하며, 팀별로 결정할 수 있는 기회를 주어야 할 것이라 생각합니다. 이렇게 운영한다면 각 팀의 업무 효율성은 높아질 것입니다.

향후 업무를 수행함에 있어 팀원이 가진 능력을 객관적이고 공정하게 파악하여 업무를 분장할 것이며, 그 전에 팀원들과 소통하고 협의하는 것이 우선임을 잊지 않고 일하겠습니다.

Q 전문가의 Tip

이 질문의 핵심은 직원의 입장이 아닌 회사의 입장에서 생각하는 것입니다. 회사의 입장에서 효율적인 인재 배치가 성과를 높일 수 있다는 점을 강조하며 답변하는 것이 좋습니다. 또한 그 과정에서 원만하게 합의를 이끌어 내기 위한 소통과 절차적인 개념을 준수해야 함을 함께 이야기하면 좋습니다.

CHAPTER 06

역 량 별 면 접 답 변 전 략

대인관계능력

06
Chapter

대인관계능력

대인관계능력이란 업무를 수행함에 있어 협조적인 관계를 유지하고 조직 구성원들에게 도움을 줄 수 있으며, 조직 내부 및 외부의 갈등을 원만히 해결하고 고객의 요구를 충족시켜 줄 수 있는 능력입니다.

- 대인관계능력은 직장에서 업무를 수행하는 직업인에게 중요한 능력으로 업무를 수행함에 있어 접촉하게 되는 사람들과 문제를 일으키지 않고 원만하게 지내는 능력입니다.
- 개인은 끊임없이 상사, 부하 혹은 직장 동료와 업무를 수행하여야 하고, 다른 사람들에게 도움을 주거나 받으면서 관계를 유지합니다.
- 직업인은 조직 내에서 갈등을 원만하게 해결하고 합리적인 의사 결정을 내릴 수 있도록 대인관계 능력함양은 필수입니다.

● 하위능력

팀워크능력	다양한 배경을 가진 사람들과 함께 업무를 수행하는 능력
리더십능력	업무를 수행함에 있어 다른 사람을 이끄는 능력
갈등관리능력	업무를 수행함에 있어 관련된 사람들 사이에 갈등이 발생하였을 경우 이를 원만히 조절하는 능력
협상능력	업무를 수행함에 있어 다른 사람과 의견을 조율하고 자신의 의견을 설득할 수 있는 능력
고객 서비스능력	고객의 요구를 만족시키는 자세로 업무를 수행하는 능력

대인관계능력의 핵심은 다른 사람들로 하여금 함께 일하고 싶다는 생각이 들게 하는 것입니다. 단순히 일만 잘한다고 함께 일하고 싶은 것이 아닙니다. 협조적인 관계, 갈등을 원만하게 해결하는 능력과 더불어 바른 행동과 상대를 배려하는 마음이 함께 있어야 하겠습니다.

대인관계능력 면접에는 다음과 같은 주요 point로 평가하게 됩니다.

- 팀 내에서 프로젝트나 할당된 일을 하는 능력이 있는가?
- 팀의 구성원들에게 자신의 의견을 제시하는 능력이 있는가?
- 팀의 업무를 수행하고 계획을 세우는 능력이 있는가?
- 자신의 생각을 논리적으로 표현하여 조직구성원들을 설득시키는 능력이 있는가?
- 타인과의 갈등을 조정할 수 있는 능력이 있는가?
- 타인과의 갈등이 있을 때 원인을 파악하는 능력이 있는가?
- 협상 상대방의 핵심 요구사항을 파악하는 능력이 있는가?
- 자신의 팀의 협상 목표를 이해하는 능력이 있는가?
- 고객의 요구를 확인하고 서비스를 제공하는 능력이 있는가?
- 고객의 만족/불만족 사항을 분석, 종합하여 서비스에 반영하는 능력이 있는가?
- 고객의 요구에 대한 해결책을 미련하는 능력이 있는가?

KEYWORDS

공동의 목표, 역할과 책임, 개인의 강점활용, 팀워크, 의견 조율, 대안마련, 역지사지, 배려

대인관계능력 수준을 스스로 알아볼 수 있는 체크리스트입니다.
본인의 평소 행동을 생각해 보고, 행동과 일치하는 것에 체크해 보시기 바랍니다.

No	문항	그렇지 않은 편이다	그저 그렇다	그런 편이다
1	나는 대인관계능력의 의미와 중요성을 설명할 수 있습니다.	1	2	3
2	나는 대인관계능력 향상방법을 설명할 수 있습니다.	1	2	3
3	나는 팀구성원들과 효과적으로 의사소통합니다.	1	2	3
4	나는 팀의 규칙 및 규정을 준수합니다.	1	2	3
5	나는 팀 내에서 나에게 주어진 업무를 성실하게 수행합니다.	1	2	3
6	나는 팀의 목표 달성에 필요한 자원, 시간을 파악하고 있습니다.	1	2	3
7	나는 조직원들을 동기화할 수 있습니다.	1	2	3
8	나는 리더의 행동 특성에 맞는 행동을 합니다.	1	2	3
9	나는 조직성과를 향상시키기 위한 전략을 제시합니다.	1	2	3
10	나는 수시로 조직원에게 코칭을 활용합니다.	1	2	3
11	나는 앞장서서 바람직한 변화를 선도합니다.	1	2	3
12	나는 타인과 의견차이가 있을 때 원인을 파악합니다.	1	2	3
13	나는 타인과 대화할 때 생각과 가치관을 배려합니다.	1	2	3
14	나는 타인과의 갈등을 줄이기 위해 노력합니다.	1	2	3
15	나는 타인과의 갈등을 조절할 수 있는 방법을 활용합니다.	1	2	3
16	나는 대화 시 쟁점사항이 무엇인지 파악합니다.	1	2	3
17	나는 대화 시 상대방의 핵심요구사항을 파악합니다.	1	2	3
18	나는 대화 시 상대방을 설득하기 위해 노력합니다.	1	2	3
19	나는 협상할 때 사전에 전략을 수립합니다.	1	2	3
20	나는 고객의 유형에 따라 대응합니다.	1	2	3
21	나는 고객의 요구를 수시로 파악합니다.	1	2	3
22	나는 고객의 불만사항을 해결하려 노력합니다.	1	2	3

• 1~2 : 대인관계능력 • 3~6 : 팀워크능력 • 7~11 : 리더십능력 • 12~15 : 갈등관리능력
• 16~19 : 협상능력 • 20~22 : 고객서비스능력

팀워크능력
★★★★★

49 구성원들과의 협력을 통해 문제를 개선한 경험을 말해 주세요.

○ 다른 사람과 함께 팀워크를 이루어 일을 완수한 경험에 대해 말해 보세요.

○ 팀에서 본인의 역할은 무엇이었습니까?

○ 공동의 목표를 위해 협업해 본 경험을 말해 보세요.

○ 팀을 구성하고 목표로 나아가는 데 있어서 가장 중요한 점은 무엇인가?

○ 다른 사람들과 협력하여 완성해 본 프로젝트 경험을 말해 보세요.

○ 다른 사람의 어려움을 알고 도와준 경험이 있습니까?

○ 구성원들과 협력하여 좋은 결과를 냈던 경험을 말해 주세요.

○ 다양한 팀원들과 함께 문제를 개선한 경험이 있다면 본인의 역할 및 수행내용을 말해 주세요.

면접관의 숨은 의도

● 팀워크의 효과와 중요성을 충분히 이해하고 있는가?

● 팀이 지향하는 목표를 명확히 알고 목표 달성을 위해 동료들과 적극 협력하고 함께 일하려는 태도 역량이 있는가?

● 상호신뢰, 소통, 협력의 중요성을 아는가?

● 조직을 위한 헌신, 희생, 협력정신을 가지고 있는가?

● 개인보다 팀의 목표/과제를 우선으로 인식하는가?

STEP 1 ▶ 경험한 상황을 말해 주세요.

STEP 2 ▶ 보다 효과적으로 문제를 해결하기 위해 어떤 노력을 했는지 말해 주세요.

STEP 3 ▶ 경험의 결과를 말해 주세요.

Q 답변 예시

전공 실험과목에서 나이가 많은 편입생이 팀장을 맡게 되었는데, 편입생이라 전공 이해도가 부족할 뿐 아니라 소통이 일방적이어서 조원들의 불만이 있었습니다.

이에 저는 두 가지 노력을 했습니다. 첫째, 서로의 의견을 들어보는 시간을 가지면서 팀 내 이견을 줄이고 팀의 분위기를 개선하기 위해 모임 시간 사이에 티타임을 제안했습니다.

둘째, 조원들의 참여 유도를 위해 역할 분담을 제시했습니다. 조원 한 명 한 명에게 직접 부탁했으며, 제가 먼저 많은 분량을 맡아 팀장님을 도와드렸더니 조원들도 점차 변화되는 모습을 보였습니다. 결국 만족할 만한 보고서를 작성하여 세미나를 잘 마무리하게 되었습니다.

팀워크를 위해 소통을 중심으로 희생과 배려의 자세가 중요함을 배웠으며, 입사 후에도 조직과 팀을 위해 희생과 배려의 자세로 임하는 사람이 되겠습니다.

Q 전문가의 Tip

많은 조직에서 팀워크를 중요하게 생각합니다. 팀워크는 비단 소속팀에서만 필요한 것이 아니라, 회사 전체의 경영목표를 달성하기 위해서도 필요한 능력입니다. 개인의 능력을 과시하기보다는 다른 사람과의 소통 능력, 협업 스킬 등을 강조하며 성과를 냈던 경험을 답변하는 것이 좋습니다.

팀워크능력

★ ★ ★ ★

50

조직 내 대인관계에서 가장 중요하게 생각하는 것은 무엇인가요?

Q 유사 질문

○ 자신의 대인관계는 어떠한 편인지 말해 보세요.

○ 자신의 인간관계는 어떠한가? 스스로 사교적이라 생각하는가?

○ 사람들과 쉽게 친해지는 편인가? 사람을 처음 대할 때 주로 어떻게 합니까?

○ 사람을 사귀는 자신만의 방법이나 노하우가 있다면?

○ 자신만의 인적네트워크의 비결이 있다면?

○ 사람을 사귈 때 넓게 사귀는 편입니까? 좁게 사귀는 편입니까?

면접관의 숨은 의도

● 팀이 지향하는 목표를 명확히 알고 목표 달성을 위해 동료들과 적극 협력하고 함께 일하려는 태도 역량이 있는가?

● 상호신뢰, 소통, 협력의 중요성을 아는가?

● 조직구성원으로 원만하고 유익한 관계를 구축하고 유지하려는 태도가 있는가?

STEP 1 ▶ 대인관계에서 중요하게 생각하는 것을 단어 또는 문장으로 말합니다.

STEP 2 ▶ 그렇게 생각하는 이유와 사례를 설명합니다.

STEP 3 ▶ 경험을 통해 배운 점이나 향후 직무에의 적용방안을 제시합니다.

Q 답변 예시

대인관계에서 가장 중요하게 생각하는 것은 '소통'이라고 생각합니다. 서로의 소통을 통해 불필요한 오해를 없애고, 또한 공동의 목표 달성을 위한 동기부여와 그 결과물에도 영향을 주기 때문입니다.

○○수업의 공동과제 수행에서 조원별로 각자의 역할을 나누어 과제를 수행했던 적이 있었습니다. 그러다 보니 각자 준비한 결과물이 과제의 방향성과 다른 부분이 많았습니다. 이에 각자의 결과물에 대한 의도와 내용을 공유하고 의견을 조율하면서 방향성을 맞춰 갔습니다. 결국에는 모두가 만족하는 결과물이 도출되었고 과제 평가에서 A⁺를 받았습니다.

만약 소통하지 않고 각자의 주장만 내세우며 의견이 좁혀지지 않았다면 결과는 좋지 않았을 것입니다. 따라서 서로의 의견을 존중하고 목표를 위해 끊임없이 소통하는 것이 중요함을 깨달았습니다.

Q 전문가의 Tip

조직 내 가장 중요한 능력은 사람들과 소통하고 협업하는 능력입니다. 사람들 사이에서의 인기를 과시하거나 특별한 능력을 어필하기보다 대인관계를 원만하게 하기 위한 강점이나 매력을 어필하는 것이 좋습니다. 사실이 아닌 것을 포장해서 이야기하기보다, 진정성 있게 사실만을 이야기하는 것이 좋습니다.

팀워크능력

★ ★ ★

51

어떤 조직이나 단체에 빨리 적응하기 위해 노력했던 경험을 말해 주세요.

Q **유사 질문**

○ 팀 또는 단체에서 어떻게 적응하였습니까?

○ 처음 들어간 집단에서 빠르게 일원이 되기 위한 나만의 방법이 있나요?

면접관의 숨은 의도

● 팀의 일원임을 인식하고 공동의 목표를 달성하기 위해 자신의 역할과 책임을 다하는 태도가
  있는가?

● 팀 목표를 위해 동료들과의 상호신뢰, 소통, 협력하기 위해 노력하는가?

● 조직이나 단체의 특성에 맞게 적극적인 노력을 하는가?

STEP 1 경험한 상황에 대해 말합니다.

STEP 2 빨리 적응하기 위한 과정과 노력을 설명합니다.

STEP 3 경험의 결과를 말합니다.

Q 답변 예시

○○회사 인턴십에서 회사 업무에 빨리 적응하기 위해 많은 노력을 했고, 그 결과 적응력이 좋다는 선배의 칭찬을 들은 적이 있습니다.

그때 당시 제가 했던 노력은 크게 3가지입니다. 첫째, 관찰을 하였습니다. 선배분들의 행동이나 업무 방식, 대화 내용 등을 유심히 보고 이해하려 노력했습니다. 둘째, 항상 적극적인 태도로 임했습니다. 제가 할 수 있는 사소한 일부터 적극적으로 찾아내서 하려고 하였습니다. 셋째, 업무 이해도를 높였습니다. 업무와 관련된 용어, 업무 내용 등을 밤낮으로 익히고 공부하였습니다.

이런 노력 덕분에 빨리 적응하는 데 도움이 되었고, 선배님들의 칭찬까지 들을 수 있었습니다.

잘하는 것보다 중요한 것은 잘하기 위해 노력하는 것이라고 생각합니다. 스스로 한계를 두지 않고 지금 이 순간이 항상 최저점임을 인식하고 매사 노력하는 사람이 되겠습니다.

Q 전문가의 Tip

조직 생활에 대한 적응력을 묻는 질문으로 조직에서 설정한 목표를 수용하고 조직의 규칙에 융화되는 성격임을 강조하는 것이 중요합니다. 아르바이트, 봉사활동, 동아리활동 등의 경험을 예로 들어 설명하며, 이때 지인들의 객관적인 평가를 근거로 들어 이야기하면 좋습니다.

리더십능력

★ ★ ★ ★

52

리더로서 팀원들과 함께 문제를 해결한 경험이 있다면 말해 주세요.

Q **유사 질문**

○ 리더십을 발휘해 본 경험에 대해 말해 보세요.
○ 직무수행과정이나 일상생활에서 리더십을 발휘하여 성과를 낸 사례는?

면접관의 숨은 의도

● 팀의 업무를 수행하고 계획을 세우는 능력이 있는가?
● 리더로서 목표와 비전을 가지고 주도적으로 행동하는가?
● 문제의 원인을 객관적으로 분석하고 파악하는가?
● 팀 구성원들의 업무 특성을 파악하고 배분하고 있는가?
● 팀 운영의 핵심을 이해하고 리더로서의 성장가능성이 있는가?

Q 답변 전략

STEP 1 ▶ 경험한 상황을 제시합니다.

STEP 2 ▶ 문제를 해결하기 위해 어떠한 노력을 어떻게 했는지 설명합니다.

STEP 3 ▶ 경험의 결과를 말합니다.

Q 답변 예시

대학 ○○엑스포에서 업무 총괄자로서 건강 존과 취업 존을 맡아, 콘텐츠 기획, 제안서 작성 및 메일링과 미팅 등을 통해 관련 기업을 유치했던 경험이 있습니다.

예산과 기업 협찬을 직접 얻어내야 했기 때문에 기획했던 내용의 절반이 무산되는 등 문제에 봉착하기도 했습니다. 하지만 저는 팀원들을 독려하여 일주일에 4회 이상 회의를 진행하고, 자체 트렌드 연구소를 통한 다양한 게릴라 이벤트 등을 진행해 니즈를 분석하고 조사하였습니다.

이런 노력으로 저희가 진행했던 행사장에 10만 명 방문이라는 성공적인 성과를 만들어낼 수 있었습니다. 리더로서 문제를 빠르게 파악하고 대안을 마련하여 이를 해결하는 역량을 기를 수 있었던 경험이었습니다.

또한 이 경험을 통해 어떤 일이든 혼자 하는 것보다 같이하는 것이 낫다는 교훈도 얻을 수 있었습니다.

Q 전문가의 Tip

조직에서 원하는 인재는 맡은바 업무를 주도적으로 수행하며 다른 사람들의 역량을 이끌어 내는 능력입니다. 학교 생활, 아르바이트, 기타 활동에서 리더 역할을 수행하며 업무를 주도적으로 계획하고 다른 사람들의 역량을 활용하여 성과를 만들어 낸 경험을 어필하면 됩니다.

리더십능력

★★★★

53 자신의 의견만 주장하는 팀원이 있다면 리더로서 어떻게 대처하겠습니까?

Q 유사 질문

○ 업무수행 중 팀 동료와 업무상 갈등이나 의견에 충돌이 생기면 어떻게 해결하겠습니까?

○ 동료가 일을 제대로 하지 않아 자신이 계속 피해를 본다면?

○ 입사 후 팀내 갈등이 생긴다면 어떻게 대처하시겠습니까?

○ 팀원 간 불화가 생긴다면?

○ 아이디어 회의에서 팀원들이 적극적으로 의견을 개진하지 않는다면 어떻게 하시겠습니까?
그 방법을 선택한 이유는 무엇인가요?

면접관의 숨은 의도

● 조직의 목표를 달성하기 위하여 다른 사람들과 협조적인 관계를 유지하고 구성원들에게 도움
을 줄 수 있는가?

● 상호신뢰, 소통, 협력의 중요성을 아는가?

● 자신과 견해가 다른 상대방의 의견을 수용하고 존중하는가?

● 리더로서 책임감을 가지고 주도적으로 행동하는가?

● 자신의 의견을 명확하고 설득력 있게 표현, 전달하는가?

● 의사결정 시 구성원들의 다양한 의견을 수렴하는가?

STEP 1	대처방법에 대한 자신의 입장이나 생각을 단어 또는 한 문장으로 제시합니다.
STEP 2	그렇게 생각하는 이유와 근거를 설명합니다.
STEP 3	지원한 조직에서의 활용방안에 대해 이야기합니다.

Q 답변 예시

상황에 맞는 타협점이 무엇인지를 고민해 보겠습니다. 팀원과의 갈등 상황을 덮어두거나 무시하는 것은 모두에게 좋지 않다고 생각합니다. 모든 일에 정답이 있는 것은 아니지만, 불협화음이 난 상황을 개선할 수 있는 방법은 분명 있다고 생각합니다. 우선 팀원의 의견을 충분히 들은 후에 양보할 수 있는 부분과 관철시킬 부분을 구분하여 제 의견을 주장할 것입니다. 관철시킬 부분에 대해서는 업무 규정이나 통상적인 업무처리 절차, 관련된 사례 등의 근거를 제시하며 설득력 있게 주장할 것입니다. 회사에서 갈등이나 의견 대립은 빈번하다고 들었습니다. 이때 상황의 시급성과 중요성에 따라 해결의 방향성을 고민하고 상대방과의 충분한 협의를 통해 타협점을 판단한 후 업무를 진행하겠습니다.

Q 전문가의 Tip

짧은 질문이지만 대인관계능력, 문제해결능력, 의사소통능력 등을 평가하기 위한 복합적인 질문입니다. 소통과 배려를 통해 팀원 간의 갈등을 조정하고, 효과적으로 문제를 해결했던 경험을 이야기하는 것이 중요합니다. 본인의 역량이 뛰어났다는 답변보다는 리더로서 갈등을 중재하고 화합을 이끌어 낸 경험을 어필해야 합니다.

리더십능력

★ ★ ★ ★

54

본인은 리더형인가요? 아니면 팔로워형인가요?

Q 유사 질문

○ 일을 할 때 주도하는 편인가요, 따라가는 편인가요?

○ 어떠한 리더가 되고 싶은가요?

○ 본인이 리더로서 추진했던 일이 있습니까? 있다면 어떤 성과가 나왔는지 말해 보세요.

면접관의 숨은 의도

● 팀의 일원임을 인식하고 공동의 목표를 달성하기 위해 자신의 역할과 책임을 다하는 태도가 있는가?

● 팀의 업무를 수행하고 계획을 세우는 능력이 있는가?

● 팀 운영의 핵심을 이해하고 리더로 성장가능성이 있는가?

● 조직의 인재상과 부합하는가?

STEP 1 리더형인지 팔로워형인지 말합니다.

STEP 2 그렇게 생각하는 이유와 근거를 설명합니다.

STEP 3 직무와 연결하여 자신의 역할을 말합니다.

Q 답변 예시

저는 처음에는 팔로워형 스타일입니다.

처음 접하는 조직에서 다른 사람들을 이끌기보다는 조직 속에서 저만의 역할과 장점이 무엇인지 파악하려 노력합니다. 그리고 조직을 충분히 알고, 지원 직무에 전문가가 되었을 때에는 업무를 수행함에 있어 다른 사람을 이끄는 리더가 되는 편입니다.

입사를 하게 된다면 ○○ 직무를 팔로워로서 면밀히 파악하고 전문성을 키운 뒤, 이후 팀원들에게 솔선수범하는 리더가 되고 싶습니다.

Q 전문가의 Tip

리더와 팔로워 중, 어떤 유형의 사람인지 확인하기 위한 질문이지만, 한쪽에 치우친 답변은 좋지 못합니다. 신입의 경우, 지금 당장은 팔로우십이 필요하지만 리더십에 관한 자신만의 생각을 함께 이야기하는 것이 좋습니다. 리더형을 선택하는 경우, 리더십을 발휘한 경험보다는 리더로서의 솔선수범이나 책임감 등을 어필하는 것이 유리합니다. 마지막으로, 직무에 따라 상대적으로 중요한 덕목이 있기 때문에 자신이 지원한 직무에 맞춰서 답변하는 것이 가장 좋습니다. (ex. 비서직무는 팔로워형 유리, 영업직군의 경우 리더십이 유리)

리더십능력

★ ★ ★

55

가장 좋아하는 리더는 누구며 그 이유를 말해 보세요.

🔍 유사 질문

○ 자신이 좋아하는 상사의 스타일은?

○ 어떤 상사가 마음에 들지 않는가?

○ 자신이 생각하는 좋은 상사와 나쁜 상사는?

○ 자신이 좋아하는 관리 스타일은 무엇입니까?

○ 어떤 성향을 가진 상사 밑에서 일하고 싶은가?

○ 좋아하는 사람과 싫어히는 시람의 유형을 말해 주세요.

면접관의 숨은 의도

● 팀의 일원임을 인식하고 공동의 목표를 달성하기 위해 자신의 역할과 책임을 다하는 태도가 있는가?

● 조직의 비전과 핵심을 이해하고 리더로 성장가능성이 있는가?

● 조직의 인재상과 부합하는 가치를 가지고 있는가?

STEP 1 ▶ 좋아하는 리더의 이름(또는 유형)을 제시합니다.

STEP 2 ▶ 그렇게 생각하는 이유와 근거를 설명합니다.

STEP 3 ▶ 리더로 성장할 수 있는 인재임을 강조합니다.

Q 답변 예시

제가 가장 좋아하는 리더는 ○○회사의 팀장님입니다.

회사를 그만둔 지 5년이나 지났지만 아직까지 팀장님과 연락하며 지낼 정도로 가까운 사이입니다. 팀장님은 행사나 회식 자리가 있을 때 항상 저를 먼저 찾아 회사 생활이나 맡은 업무에 대한 의견을 물어보셨습니다. 항상 상대방의 이야기를 잘 들어주고 상황에 따라 상대를 배려하는 업무 처리를 해주셨기 때문에 팀장님께 늘 감사했습니다.

짧은 시간이었지만, 그 팀장님께 배우고 경험했던 〈소통과 배려〉의 리더십을 가지고 다른 사람들을 먼저 생각하고 배려하는 인간적인 사람이 되겠습니다.

Q 전문가의 Tip

단순히 리더와의 관계가 좋았다거나, 배울 것이 많았다는 일반적인 대답은 좋은 답변이 아닙니다. 그 리더를 왜 좋게 생각하는지 구체적인 특징을 제시하고, 그렇게 생각하는 이유를 설명해야 합니다. 이에 덧붙여 그런 특징을 본받아서 향후 조직생활이나 직무에 어떻게 활용할 것인지 답변하면 좋습니다.

리더십능력

★

56

팀원이 빠져 팀프로젝트가 중단될 위기에
처했다면 리더로서 어떻게 하겠습니까?

🔍 유사 질문

○ 팀프로젝트 중간에 해당분야 전문가인 팀원이 빠져 중단될 위기에 처했다면 어떻게 하겠
습니까?

○ 팀원 중 최고의 전문가가 빠져 팀워크가 흔들린다면?

○ 조별 과제에서 발표 자료를 만들어야 하는 팀원이 개인적인 사유로 못 하겠다고 한다면 당신
은 어떤 행동을 취할 것인가요?

면접관의 숨은 의도

● 리더로서 책임감을 가지고 주도적으로 행동하는가?

● 상대를 이해하고 공감하는 태도역량이 있는가?

● 문제의 원인을 정확하게 분석하고 대안을 제안하는가?

● 자신의 의견을 명확하고 설득력 있게 표현, 전달하는가?

● 공동의 목표/과제의 달성이 개인보다 우선함을 인식하는가?

STEP 1 ▸ 위기 상황에서 리더로 어떻게 행동할지 말합니다.

STEP 2 ▸ 그러한 방법을 생각한 이유가 무엇인지 이야기합니다.

STEP 3 ▸ 행동의 결과를 통해 느낀 점이나 향후 활용방안에 대해서 이야기합니다.

Q 답변 예시

대학시절 팀 발표 과제를 수행하던 중, 발표 이틀을 앞두고 팀원 3명 중 한 명이 수업을 포기했던 적이 있었습니다. 포기한 조원은 PPT 구성 담당이었습니다. 위기 상황이었지만 1등을 해보겠다는 목표로 포기한 조원의 업무를 재분배하여 세 명 같은 두 명으로 준비했습니다. 부족한 PPT 작성 스킬을 업그레이드시켜 발표 내용의 본질에 더욱 집중하기로 하고, 디자인보다 간결하면서도 핵심적인 내용을 담는 것에 주안점을 두었습니다. 모의 발표를 통해 피드백을 받고 문제점을 파악해 대응 방안을 마련했습니다. 최종 발표에서는 교수님이 강조하셨던 내용을 포인트로 잡아 자료를 구성하여 과제를 가장 잘 이해한 팀이라는 평가와 함께 전체 1등을 할 수 있었습니다. 예기치 못한 불리한 상황에서 불평불만을 하기보다, 공동의 목표를 상기하고 남은 조원과 적극적으로 소통하고, 플랜 B를 강구하며, 포기하지 않는 적극성은 결국 좋은 결과를 만들 수 있다는 것을 체감할 수 있었습니다.

Q 전문가의 Tip

해결하기 까다로운 문제상황을 제시하여, 리더로서 문제해결능력을 평가하기 위한 질문입니다. 결원이 발생한 일을 혼자 떠맡아 처리한다든지, 무조건적인 자기희생을 강조하는 답변은 피하는 것이 좋습니다. 우선, 타인에 대한 생각 및 감정을 이해하고 상황을 수용하려는 태도를 강조합니다. 이어서, 리더로서 공동의 목표를 강조하고 팀원들을 독려하며 적절한 업무 분장을 통해서 현실적으로 문제를 해결한 경험을 이야기하는 것이 좋습니다.

갈등관리능력
★★★★

57

주위사람들과 트러블(갈등, 마찰)이 생겼을 때 어떻게 대처합니까?

Q 유사 질문

○ 살아오면서 다른 사람들과 갈등한 경험에 대해 말해 보세요.

○ 지금까지 대인관계로 갈등한 경험을 말해 보세요.

○ 윗사람이나 선배와 마찰이 생긴 경우 어떻게 대처했습니까?

○ 팀과제 중 갈등이 있었던 적이 있습니까? 어떻게 해결했습니까?

○ 다른 사람과의 갈등을 해결한 경험이 있습니까?

○ 다른 사람의 어려움을 일고 도와준 경험이 있습니까?

면접관의 숨은 의도

● 타인과의 갈등이 있을 때 원인을 파악하는 능력이 있는가?

● 조직구성원으로 원만한 관계를 구축하고 유지하려는 태도가 있는가?

● 타인의 감정/견해/태도에 대해 상대방의 입장을 이해하고 긍정적으로 대응하는가?

● 갈등을 조절, 관리하여 합리적인 의사결정을 하는가?

STEP 1 대처방법에 대해 제시합니다.

STEP 2 행동의 방법에 대해 구체적으로 설명합니다.

STEP 3 이런 방법을 생각한 이유는 무엇인지 이야기합니다.

Q 답변 예시

저는 사람과의 갈등이 생겼을 때 원인 파악과 공감을 통해 해결하려고 노력합니다.

우선, 갈등 해결을 위해서는 그 원인을 알아야 하기 때문에 이를 정확히 파악하기 위해 노력합니다. 둘째는 갈등 상황에서 상대방이 받았을 상처나 불만 등을 이해하고 공감하려 노력합니다. 마지막으로 갈등의 원인을 해결하기 위해 서로 의견 차이가 있는 부분은 대화를 통해 조율하여 합의점을 도출하고자 합니다.

갈등 상황은 반드시 원인이 있고 양쪽의 상황이 다르기 때문에 생긴다고 생각합니다. 그러므로 정확한 원인 파악과 상대방의 감정에 대한 공감이 우선적으로 필요하다고 생각합니다.

Q 전문가의 Tip

사람이 모인 곳에서는 필연 갈등이 발생합니다. 갈등을 겪은 적이 없다든지 대부분 원만하게 해결한다는 답변은 좋지 못합니다. 갈등 상황을 객관적으로 바라보고 사람과 문제를 분리해서 갈등의 핵심 원인을 파악한 후 서로 좋은 결과를 얻기 위해 노력한다는 점을 강조하는 것이 좋습니다. 이때, 나의 입장만을 내세우기보다 타인의 입장을 충분히 이해하려 노력한다는 점을 함께 어필하면 도움이 됩니다.

갈등관리능력

★★★★★

58

다양한 팀원들과 함께 프로젝트 진행 시 갈등 상황이
발생했을 때 해결한 경험이 있다면 말씀해 주시기 바랍니다.

🔍 유사 질문

○ 살아오면서 다른 사람들과 갈등한 경험에 대해 말해 보세요.

○ 지금까지 대인관계로 갈등한 경험을 말해 보세요.

○ 팀과제 중 갈등이 있었던 적이 있습니까? 어떻게 해결했습니까?

○ 갈등 상황에서 원만하게 문제가 해결될 수 있도록 해결책을 제시해 갈등을 풀었던 경험이 있
나요?

○ 팀 내 서로 다른 의견을 조율하거나 (의사결정을 해야 할 때) 효과적인 선택을 한 경험이 있나요?

면접관의 숨은 의도

● 팀워크의 효과와 중요성을 충분히 이해하고 있는가?

● 개인보다 팀의 목표/과제를 우선으로 인식하는가?

● 동료들과 상호신뢰, 소통, 협력의 중요성을 아는가?

● 타인과의 갈등이 있을 때 원인을 파악하는 능력이 있는가?

● 문제를 해결하기 위해 적극적이고 능동적으로 행동하는가?

STEP 1 ▶ 갈등 상황에서 어떤 방법으로 해결했는지 말합니다.

STEP 2 ▶ 행동의 방법에 대해 구체적으로 설명합니다.

STEP 3 ▶ 이런 방법을 생각한 이유를 이야기합니다.

Q 답변 예시

의견 대립 시 자신의 주장을 강요하기보다 먼저 상대방의 의견을 들어보고 소통한다면 원만하게 해결된다는 것을 깨달은 적이 있습니다. 4학년 졸업과제로 2명이 한 팀이 되어 ○○○○ 프로젝트를 진행하게 된 적이 있었습니다. 아이디어 회의를 하고 ○○을 기획하고, 시제품을 만들기까지 3개월이란 시간은 결코 충분하지 않았습니다. 또한 생각이 다른 팀원과의 잦은 의견 대립으로 프로젝트 진행속도가 더디기만 했습니다. 저는 20대 여성을 타깃으로 하자는 의견이 있었고, 팀원은 성인 여성 전체를 대상으로 한 제품을 개발하기 원했습니다. 처음에는 말이 안 된다고 생각했지만 팀원의 의견을 들어보니 일리 있는 의견이라고 생각했습니다. 이에 저희는 우선 20대 여성을 대상으로 파일럿 제품을 개발해 보고 반응을 분석해 본 후 점진적으로 타깃의 범위를 확대하기로 결정하였습니다. 그 이후 저희는 서로의 의견에 충분히 공감하고 서로 건설적인 피드백을 이어가면서 제품 개발 경진대회에서 우수상을 차지할 수 있었습니다. 이러한 경험을 토대로 의견 대립이 발생할 시 배려와 원활한 의사소통을 통해 상대방의 입장을 헤아릴 수 있어야 한다는 중요한 교훈을 얻었습니다.

Q 전문가의 Tip

조직에서는 팀 단위 프로젝트가 많이 진행됩니다. 이때 개인, 부서 간의 입장 차이로 많은 갈등이 벌어지게 되는데, 이때 어떻게 대처할 것인지를 평가하기 위한 질문입니다. 자신의 입장을 관철시키겠다는 답변이나 무조건적으로 타 부서의 입장을 수용하겠다는 접근은 좋지 못합니다. 타 부서의 입장을 충분히 고려해서 상호 간의 의견을 조율하고 최선의 대안을 도출해 낼 수 있다는 점을 강조하면 됩니다.

갈등관리능력
★★★★★

59

윗사람 또는 선배와 갈등이 생긴다면 어떻게 대처하겠습니까?

Q 유사 질문

○ 상사 또는 상급자와 의견이 맞지 않아 계속 상사와 불화/갈등(트러블)이 생기면 어떻게 할 생각입니까?

○ 상사와 갈등이 생긴다면 어떻게 하겠습니까?

○ 상사가 귀하를 싫어하면 어떻게 할 것인가?

○ 상사가 성격이 좋지 않아 잘 맞지 않거나 마음에 들지 않는다면?

○ 의견이 나른 선배 간에 바찰이 생긴 경우, 어떻게 대처하겠습니까?

면접관의 숨은 의도

● 타인과의 갈등이 있을 때 원인을 파악하는 능력이 있는가?

● 조직구성원으로 원만한 관계를 구축하고 유지하려는 태도가 있는가?

● 타인의 감정/견해/태도에 대해 상대방의 입장을 이해하고 긍정적으로 대응하는가?

● 갈등을 조절, 관리하여 합리적인 의사결정을 하는가?

● 합리적인 의사결정으로 해결책을 마련하는 능력이 있는가?

STEP 1   갈등이 생기는 상황과 원인에 대해서 이야기합니다.

STEP 2   갈등 상황에 대처하는 방법을 설명합니다.

STEP 3   이런 방법을 생각한 이유와 결과에 대해 말합니다.

Q 답변 예시

살아온 시대와 경험이 다른 신입사원과 선배와의 갈등은 직장 내에서 피할 수 없다고 생각합니다. 저는 갈등 상황 그 자체보다 갈등을 키우는 원인을 알고 이를 제거하는 것이 더 중요하다고 생각합니다. 제가 생각하기에 갈등을 키우는 결정적인 이유는 다름을 인정하지 않는 말과 태도 때문이라고 생각합니다. 그래서 저는 생각의 차이가 있더라도 먼저 윗사람의 의견을 인정하고 경청하는 것이 조직의 안정을 위해서 더 올바른 행동이라고 생각합니다. 제가 한 의견이나 행동에 대해 잘못한 부분이 있는지 생각해 보고 이를 다른 동료나 선배님들께 여쭤보면서 개선점을 찾아나갈 것입니다. 잘못된 행동이나 의견이 있다면 수렴하여 이후 동일한 일이 발생되지 않도록 하겠습니다.

Q 전문가의 Tip

상사와의 갈등 상황에서 대처 능력을 평가하기 위한 질문입니다. 무조건 자신의 탓으로 돌리거나 상사 의견을 일방적으로 따르겠다는 답변은 좋지 못합니다. 우선적으로 상사의 의견을 수용하되 이유와 근거를 토대로 나의 주장을 함께 이야기하겠다는 답변이 좋습니다. 선 수용, 후 주장의 순서로 대응하겠다는 태도가 유리합니다.

고객서비스능력

★ ★ ★ ★ ★

60

고객이 불만사항을 제기하면 어떻게 대처하겠습니까?

Q 유사 질문

○ 근무하면서 고객이 컴플레인을 걸거나 까다로운 고객이 있다면 어떻게 대처할 생각입니까?

○ 진상고객이나 까다로운 고객을 대처해 본 경험을 말해 보세요.

○ 고객이 말도 안 되는 컴플레인을 걸어 오면 어떻게 대처하시겠습니까?

○ 말이 통하지 않는 고객을 응대해야 한다면 어떻게 하시겠습니까?

○ 흥분하여 억지 부리는 고객/민원인이 있다면 어떻게 대처하여 설득할 생각입니까?

○ 아무런 이유 없이 화를 내는 고객이 있다면 어떻게 하겠습니까?

면접관의 숨은 의도

● 고객의 입장에서 생각하고 고객의 요구를 정확하게 파악하는 능력이 있는가?

● 고객의 만족/불만족 요인을 분석하여 서비스에 반영하는 능력이 있는가?

● 상황에 따른 유연성과 변화대응 능력이 있는가?

● 조직에 대한 적응력과 로열티를 가지고 있는가?

STEP 1 자신이 취할 대처 방법을 이야기합니다.

STEP 2 행동의 방법에 대해 구체적으로 설명합니다.

STEP 3 이런 방법을 생각한 이유는 무엇인지 말합니다.

Q 답변 예시

일단 고객의 요구를 차분히 듣고 불편했던 부분이나 요구사항에 대해 공감해 드리겠습니다. 이후 제가 해결할 수 있는 부분이 무엇이고, 불가능한 부분이 무엇인지 정중하게 말씀드리겠습니다. 하지만 불가능한 부분에 대해 고객이 계속 요구하신다면, 선배나 상사에게 조언을 구하고 적절한 대응을 하도록 하겠습니다.

관련 업무 담당으로서 최대한 친절하게 고객 대응을 해야겠지만 제 역량에서 벗어난다면 저의 판단보다는 경험이 많은 선배나 상사의 판단과 조언을 따르는 것이 적절하다고 생각합니다.

Q 전문가의 Tip

일을 하다 보면 수용하기 어려운 고객의 요구를 경험하기도 하며, 까다로운 고객을 상대하는 일이 비일비재합니다. 이런 상황에서의 대응 방안을 평가하기 위한 질문입니다. 고객 불만 처리 8단계 프로세스를 기반으로, 경청 〉 감사와 공감 표시 〉 사과 〉 해결 약속 〉 정보 파악 〉 신속한 처리 〉 처리 확인과 사과 〉 피드백의 논리로 답변하면 됩니다.

고객서비스능력

★ ★ ★ ★ ★

고객을 대할 때 어떤 점을 가장 중요하게 생각하나요?
이유는 무엇인가요?

61

🔍 유사 질문

○ 고객 서비스란 무엇이라고 생각합니까?

○ 명품서비스란 무엇입니까?

○ 고객에 대한 정의를 말해 보세요.

○ 고객이란 당신에게 어떤 의미인가요?

면접관의 숨은 의도

● 조직의 대고객 목표를 명확히 알고 목표달성을 위한 자신의 역할을 인식/실천하는 역량이 있는가?

● 고객의 입장에서 생각하고 고객의 요구를 정확하게 파악하는 능력이 있는가?

● 고객의 중요성을 알고 배려하고 대우하고자 하는가?

STEP 1 ▶ 고객을 대할 때 중요하게 생각하는 것을 단어나 문장으로 표현합니다.

STEP 2 ▶ 왜 중요하게 생각하는지 이유를 설명합니다.

STEP 3 ▶ 고객의 중요성과 자신의 역할을 말합니다.

Q　답변 예시

제가 가장 중요하게 생각하는 점은 항상성과 민감성입니다. 개인적인 생각으로 고객은 이성친구와 같다고 생각합니다. 그런 의미에서 이성친구를 대하듯이 고객을 대하는 것이 중요하다고 생각합니다. 먼저 매력 있는 이성친구를 다른 사람에게 빼앗기지 않기 위해 노력하듯, 고객도 경쟁사에 항상 빼앗길 수 있다는 생각을 가지고, 항상 애정과 관심을 가져야 한다고 생각합니다. 둘째, 어떤 날은 좋다가도 어떤 날은 같은 행동에도 투덜거리는 변덕쟁이 이성친구와 같이, 고객도 언제든지 같은 상품이라도 불만을 이야기할 수 있습니다. 고객의 이야기에 민감하게 귀 기울이고, 세심하게 개선하려는 자세로 고객을 대할 것입니다.

Q　전문가의 Tip

지원한 회사의 고객이 누구인지, 고객의 의미는 무엇인지, 고객의 중요성은 어떻게 생각하고 있는지를 확인하기 위한 질문입니다. 고객에 대한 자신의 생각을 밝히고 고객을 상대할 때 가장 중요하게 생각하는 가치를 이야기하면 됩니다.

고객서비스능력

★ ★ ★ ★ ★

62

고객이 겪고 있는 어려움을 사전에 파악하여
고객만족을 이끌어 냈던 경험을 말해 보세요.

Q **유사 질문**

○ 고객의 요구사항을 사전에 파악했던 경험을 소개해 보세요.

○ 고객이 요청하지 않은 상황에서 고객의 요구를 먼저(스스로) 파악해서 일을 처리한 사례가 있습니까?

면접관의 숨은 의도

● 고객의 입장에서 생각하고 고객의 요구를 정확하게 파악하는 능력이 있는가?

● 고객의 만족을 분석하여 서비스에 반영하는 능력이 있는가?

● 자신의 편의보다 고객의 편익을 위해 일하려고 노력하는가?

● 고객의 중요성을 알고 배려하고 대우하고자 하는가?

Q 답변 전략

STEP 1 ▶ 고객만족을 이끌어낸 경험의 상황을 말합니다.

STEP 2 ▶ 만족을 이끌어 내기 위해 어떤 노력을 했는지 이야기합니다.

STEP 3 ▶ 경험의 결과와 자신의 역할을 강조하여 말합니다.

Q 답변 예시

○○○ 영화관에서 아르바이트를 할 때 고객의 곤란한 상황을 발견하고 해결한 경험이 있습니다. 고객이 제시한 신용카드와 체크카드 모두 단말기에 오류가 나는 상황이었고, 고객은 현금도 없는 상황에서 당황해 하고 있었습니다.

이때 저는 당황하는 손님을 민망하지 않도록 다른 장소로 조용히 모셔와 제 계좌에 이체 후 영화를 보실 수 있도록 안내해 드렸습니다.

저의 빠른 위기 대처능력으로 고객은 함께 온 사람에게 부끄러운 일을 당하지 않게 되었다며 감사하다는 말씀을 해주셨습니다.

Q 전문가의 Tip

고객의 입장에서 생각하고 고객을 대하는지 평가하기 위한 질문입니다. 고객의 입장과 그 이면에 숨겨진 욕구를 파악하고 선제적으로 대응해서 고객의 문제를 해결해 준 경험을 이야기하면 됩니다.

정보능력

07
Chapter

정보능력

정보능력이란 업무와 관련된 정보를 수집 · 분석하여 의미 있는 정보를 찾아내어, 업무 수행에 적절하도록 조직 · 관리 · 활용하고, 업무 수행 전반에 걸쳐서 컴퓨터를 사용하는 능력입니다.

- 모든 직업인들에게 공통적으로 요구되는 직업기초 능력으로서의 정보 능력은 직장인에게 중요합니다. 매일 수십 개의 정보가 생성되고 소멸될 정도로 정보가 넘치는 정보화 사회 속에서 직업인들은 수많은 정보 중에서 필요한 정보를 수집 · 분석하여 활용해야 하는 과제를 안고 있습니다.
- 급변하는 현재의 직업 생활 환경에서 과거의 정보는 업무수행에 전혀 도움이 되지 않으며, 새로운 정보를 신속히 발견하고 정확한 해결책을 창출할 수 있는 정보능력의 향상을 요구하고 있습니다.
- 업무수행에 적합한 정보를 찾아 선택함으로써 업무수행에 적용할 수 있는 능력을 함양시키는 것은 매우 중요하다고 할 수 있습니다.

하위능력

컴퓨터 활용능력	업무와 관련된 정보를 수집, 분석, 조직, 관리, 활용하는 데 있어 컴퓨터를 사용하는 능력
정보 처리능력	업무와 관련된 정보를 수집하고 분석하여 의미 있는 정보를 찾아내고, 이를 업무수행에 적절하도록 재구성하고 관리하며, 업무수행에 이러한 정보를 활용하는 능력

수많은 정보 속 알짜 정보를 찾아낼 수 있는 능력이 필요합니다. 목적에 맞는 정보를 찾아내기 위한 정보 수집 방법을 알고, 컴퓨터 등의 기기를 활용하여 정보를 분석하거나 재가공할 수 있는 능력이 필요합니다.

정보 능력은 면접에는 다음과 같은 주요 point로 평가하게 됩니다.

- 다양한 매체와 방법을 이용해서 정보를 수집하고, 목적에 따라 분석, 관리하는 방법을 알고 있는가?
- 수집한 자료를 선별, 분류하여 체계적으로 관리하는가?
- 간단한 통계기법을 활용하고 결과를 확인하는 능력이 있는가?
- 평균 및 중앙값, 표준편차를 구분하여 설명하는 능력이 있는가?
- 통계기법을 활용해서 결과의 오류를 수정하는 능력이 있는가?
- 기본적인 통계기법을 활용하고 결과를 검토하는 능력이 있는가?
- 조사한 정보를 효율적으로 이용할 수 있는 분석능력이 있는가?
- 직무를 수행함에 있어 적용 및 활용이 가능한가?

KEYWORDS

폴더 정리, 서열화, 구조화, 정보수집채널, 인터넷 사용, 소프트웨어 활용 정보능력 수준을 스스로 알아볼 수 있는 체크리스트입니다.
본인의 평소 행동을 생각해 보고, 행동과 일치하는 것에 체크해 보시기 바랍니다.

No	문항	그렇지 않은 편이다	그저 그렇다	그런 편이다
1	나는 정보와 자료의 차이가 무엇인지 설명할 수 있습니다.	1	2	3
2	나는 정보화 사회의 특징에 대해 설명할 수 있습니다.	1	2	3
3	나는 업무수행에 있어서 컴퓨터가 활용되는 분야를 설명할 수 있습니다.	1	2	3
4	나는 업무수행에 있어서 정보를 효과적으로 처리하기 위한 절차를 설명할 수 있습니다.	1	2	3
5	나는 사이버 공간에서 지켜야 할 예절과 규칙을 설명할 수 있습니다.	1	2	3
6	나는 업무와 관련된 중요한 정보의 유출을 방지할 수 있는 방법을 설명할 수 있습니다.	1	2	3
7	나는 업무수행에 필요한 인터넷서비스의 종류를 설명할 수 있습니다.	1	2	3
8	나는 인터넷을 활용하여 업무수행에 필요한 정보를 검색할 수 있습니다.	1	2	3
9	나는 업무수행에 필요한 소프트웨어의 종류 및 특징을 설명할 수 있습니다.	1	2	3
10	나는 업무수행에 있어서 데이터베이스 구축의 필요성을 설명할 수 있습니다.	1	2	3
11	나는 업무수행에 필요한 정보를 효과적으로 수집할 수 있는 방법에 대해 설명할 수 있습니다.	1	2	3
12	나는 업무수행에 있어서 정보분석 및 가공의 중요성을 설명할 수 있습니다.	1	2	3
13	나는 업무수행에 필요한 정보를 효과적으로 관리할 수 있는 방법을 설명할 수 있습니다.	1	2	3
14	나는 업무수행에 유용한 정보와 그렇지 않은 것을 구분하여 효과적으로 정보를 활용할 수 있는 방법에 대해 설명할 수 있습니다.	1	2	3

• 1~6 : 정보능력 • 7~10 : 컴퓨터활용능력 • 11~14 : 정보처리능력

컴퓨터활용능력

★★★★

63

자신의 컴퓨터 활용능력이 어느 정도인지 말해 보세요.

○ **유사 질문**

○ OA 활용가능 수준은 어떠합니까?

○ 사용할 수 있는 컴퓨터 프로그램이 있습니까?

○ 엑셀에서 본인이 사용할 수 있는 함수를 꼽는다면 무엇이며, 어떻게 활용하는지 말해 주세요.

면접관의 숨은 의도

● 컴퓨터 이론에 관한 전문적 지식이 있는가?

● 인터넷을 통해 필요한 정보를 검색, 관리하여 업무에 활용할 수 있는 능력이 있는가?

● 직무와 관련된 자격증이나 직 · 간접적 경험이 있는가?

STEP 1 ▸ 컴퓨터 활용 수준에 대해 말합니다.

STEP 2 ▸ 수준에 대한 근거와 활용 사례(경험)을 이야기합니다.

STEP 3 ▸ 입사 후 활용계획이나 직무 적용 방안을 이야기합니다.

Q 답변 예시

엑셀, 워드, 파워포인트, 한글 문서 모두 상급 수준의 실력을 가지고 있으며, 관련하여 컴퓨터 활용능력 1급과 MOS 마스터 자격증도 취득하였습니다. 또한 문서작성 능력 향상을 위한 ○○ 통계툴을 사용할 수 있으며, ○○ 통계툴은 고객 만족과 서비스 향상과의 관계 연구 프로젝트에 활용하기도 하였습니다.

입사 후에도 ○○업무와 관련된 컴퓨터 활용 능력을 향상시켜 업무 효율을 극대화하도록 노력하겠습니다.

Q 전문가의 Tip

컴퓨터 활용능력은 업무와 관련된 정보를 수집, 분석, 조직, 관리, 표현하는 데 필요한 능력을 의미합니다. 컴퓨터 이론, 인터넷 활용 능력, 소프트웨어 사용 등에 있어 자신의 수준을 객관적으로 명확하게 제시하고, 이를 활용하여 업무나 기타 활동에서 성과를 낸 경험을 강조합니다. 또한 자신의 지원한 직무와 연계하여 향후 활용 계획 등을 어필하는 것이 중요합니다.

정보처리능력

★

64

정보를 수집하고 관리하기 위한 자신만의 방법을 말해 보세요.

Q 유사 질문

○ 평소에 정보를 수집하고 관리하기 위해서 하는 활동이나 습관이 있나요?

○ 꼼꼼하게 자료를 정리하여 실수 없이 일을 처리하였던 경험이 있나요?

○ 어떤 일을 추진할 때 자료를 수집하여 활용하는 자신만의 노하우를 말해 보세요.

○ 다양한 정보를 체계적으로 분리하거나 분석할 때 활용하는 나만의 노하우가 있나요?

○ 과제나 프로젝트를 수행하기 위해 다양한 정보를 효과적으로 수집, 활용한 경험과 노하우가 있다면 말해 보세요.

면접관의 숨은 의도

● 다양한 매체와 방법을 이용해서 정보를 수집하고, 목적에 따라 분석, 관리하는 방법을 알고 있는가?

● 수집한 자료를 선별, 분류하여 체계적으로 관리하는가?

● 직무 수행에 적용 및 활용이 가능한가?

● 프로젝트 수행을 위한 다양한 정보 습득 능력이 있는가?

● 조사한 정보를 효율적으로 이용할 수 있는 분석능력이 있는가?

Q 답변 전략

STEP 1 ▶ 자신만의 방법을 한 줄로 요약하여 말합니다.

STEP 2 ▶ 행동의 방법에 대해 구체적으로 설명합니다.

STEP 3 ▶ 그러한 방법을 지원직무에 적용할 수 있음을 강조합니다.

Q 답변 예시

정보를 체계적으로 관리하기 위해 정보의 성격, 정보의 목적, 날짜, 종류로 구분하여 관리하고 있습니다. 저의 관심 분야인 ○○의 전문성 향상을 위해 꾸준히 하고 있는 활동은 이슈 분석입니다. 매일 뉴스를 검색하고, 관련 기사의 성격이나 향후 활용 목적에 맞게 키워드 형식으로 분류하여 관리합니다. 이렇게 정보를 관리하는 방식을 통해 학교 과제나 기타 프로젝트를 수행함에 있어 필요할 때마다 빠르게 정보를 확인할 수 있는 능력을 갖추게 되었습니다. 제 노트북에 있는 최근 3년간 모아둔 정보 파일은 제 능력의 일부라고 생각하며, 향후 ○○ 업무를 수행함에 있어서 이러한 정보관리능력은 큰 도움이 될 것이라 생각합니다.

Q 전문가의 Tip

정보 수집은 인터넷, 문헌, 도서에만 국한되지 않습니다. 고객 관찰, 인터뷰 등의 정성적인 방법도 있습니다. 다양한 방법으로 정보를 수집하는 능력을 어필하고, 정보가 필요한 순간만이 아니라 평소에 지속적으로 정보를 수집하고 메모하고 관리하는 능력을 강조하면 좋습니다.

정보처리능력

★ ★

65

자신의 정보수집 능력으로 팀 업무(과제) 수행에 긍정적
성과를가져온 경험이 있다면 말해 주세요.

🔍 유사 질문

○ 어떤 일을 추진할 때 자료를 수집하여 활용하는 자신만의 노하우로 업무를 성공적으로 수행한
경험을 말해 주세요.

면접관의 숨은 의도

● 프로젝트 수행을 위한 다양한 정보 습득능력이 있는가?

● 조사한 정보를 효율적으로 이용할 수 있는 분석능력이 있는가?

● 수집한 자료를 선별, 분류하여 체계적으로 관리하는가?

● 직무 수행에 적용 및 활용이 가능한가?

● 업무와 관련된 정보를 수집, 가공하여 업무에 효과적으로 활용하는 능력이 있는가?

● 다양한 매체와 방법을 이용해서 정보를 수집하고, 목적에 따라 분석, 관리하는 방법을 알고 있
는가?

STEP 1 ▶ 경험한 상황을 이야기합니다.

STEP 2 ▶ 어떤 노력을 했는지 설명합니다.

STEP 3 ▶ 경험의 결과를 말합니다.

Q **답변 예시**

전공수업 중 ○○ 가공방법 중 하나를 선택하여 가공 과정에 대해 조사하는 팀 과제를 수행한 적이 있었습니다. 다른 조원들은 책상에 앉아 이론적인 접근이나 리서치를 통해 과제를 수행하려했지만, 저는 완성도 높은 결과를 얻기 위해 현장에서 정보를 수집하자는 생각을 했습니다. 하지만 학생으로서 생산 공장을 섭외하는 것이 만만치 않았습니다. 각고의 노력 끝에 다방면의 인맥을 활용하여 견학 가능한 공장을 찾게 되었고 저희 팀은 현장에서 직접 ○○가공법을 확인하고 사진 촬영과 담당자 면담까지 실시해 폭넓은 자료조사를 시행할 수 있었습니다. 이런 노력으로 과제의 완성도가 올라갔고, 결국 최우수과제로 선정되어 교수님의 요청으로 사례 발표까지 하게되었습니다. 이러한 경험을 통해 일의 완성도를 높이기 위해서는 편한 방법만 선택할 것이 아니라, 열린 자세로 다각적인 방법을 통해 다양한 정보를 수집하는 능력이 필요하다는 것을 느꼈습니다.

Q **전문가의 Tip**

정보처리능력의 핵심은 종합적이고 균형 있게 정보를 수집하고, 자신만의 해석을 통해 효율적으로 정리하여 업무에 활용하는 능력입니다. 자신만의 다양한 정보 수집처를 어필하고, 활용한 정보를 향후 업무에서 어떻게 활용할 것인지를 강조하는 것이 중요합니다.

정보처리능력

66

★

프로젝트 진행 시 리더(혹은 동료)가 요구하는 적합한 자료를
조사하고, 수집한 경험이 있다면 말해 주세요.

🔍 유사 질문

○ 어떤 일을 추진할 때 자료를 수집하여 활용하는 자신만의 노하우를 말해 보세요.

○ 주제에 따른 자료 수집을 어떤 방법으로 하나요?

면접관의 숨은 의도

● 프로젝트 수행을 위한 다양한 정보 습득 능력이 있는가?

● 조사한 정보를 효율적으로 이용할 수 있는 분석능력이 있는가?

● 수집한 자료를 선별, 분류하여 체계적으로 관리하는가?

● 직무와 관련된 경험으로 적용 및 활용이 가능한가?

STEP 1 ▸ 경험한 상황을 설명합니다.

STEP 2 ▸ 어떠한 노력을 했는지 구체적인 사례를 들어 말합니다.

STEP 3 ▸ 경험의 결과를 이야기 합니다.

Q 답변 예시

대학시절 ○○○프로젝트를 수행할 때, 팀장으로부터 ○○편의점의 전국 점포 수와 경쟁사 현황 비교에 대해 조사해 달라는 요구를 받았습니다.

이때 저는 ○○편의점 전국 점포 수 조사에서 그치지 않고 산업통상자원부 홈페이지, 한국편의점 산업협회 홈페이지를 통해 편의점 업계의 최근 3년간 점포 수 변동 추이를 조사하고 도표화하였습니다. 또한 경쟁사의 변동 추이를 조사 후 이슈가 있는 부분을 심층 분석하여 팀장에게 제공하였습니다.

이처럼 주어진 일만 처리하는 것이 아닌 해당 업무의 의도와 도출되어야 할 결과물을 예측하여 정보를 수집, 분석하는 것이 효과적인 업무 처리에 필수적이라고 생각합니다.

Q 전문가의 Tip

조직 내에서는 상사 또는 타 부서에서 관련 정보를 요구하는 경우가 많습니다. 이때 정보를 요구한 사람의 정확한 요구와 구체적인 내용을 정확하게 파악하는 것이 중요합니다. 나아가 요청한 정보 외에 추가적으로 업무에 필요하다고 판단되는 정보를 전달할 수 있는 능력이 중요합니다. 이런 내용을 기반으로 업무를 수행한 경험을 예로 들어 설명하면 좋습니다.

CHAPTER 08

역량별면접답변전략

기술능력

08

Chapter

기술능력

기술능력이란 업무를 수행함에 있어 문제 상황이 발생하였을 경우, 창조적이고 논리적인 사고를 통하여 이를 올바르게 인식하고 적절히 해결하는 능력입니다.

- 지식 산업의 도래와 함께 국가 경제의 혁신적 발전을 이룩하기 위해서 기술 향상을 통한 국가 경쟁력을 제고할 것을 요구하고 있습니다.
- 기술 경쟁력의 강화가 중요함에도 불구하고 정작 기술 경쟁력의 기초가 되는 기술 능력에 대한 관심은 부족한 실정입니다.
- 기술 경쟁력의 근원이 되는 기술능력은 개인적으로는 직업 세계의 진입 능력을 갖추고 변화하는 직업세계에 유동적으로 대처할 수 있도록 해주며, 국가적으로는 국가 경쟁력의 강화로 이어지기 때문에 그 중요성이 매우 강조되고 있습니다.

○ 하위능력

기술이해능력	업무 수행에 필요한 기술적 원리를 올바르게 이해하는 능력
기술선택능력	도구 · 장치를 포함하여 업무 수행에 필요한 기술을 선택하는 능력
기술적용능력	업무 수행에 필요한 기술을 실제로 적용하는 능력

기술능력이란 업무를 수행하기 위해 필수적으로 요구되는 지식을 말합니다. 기술 지식은 제품이나 용역을 생산하는 원료, 공정, 방법, 자본재 등에 관한 복합적인 지식 집합체입니다. 기술능력은 비단 기술직무에만 해당되는 것은 아닙니다. 사무관리직에는 인사, 회계, 통계의 기술이 필요하고 영업에는 설득과 커뮤니케이션 기술이, 구매담당자에게는 협상의 기술이 필요합니다.

기술능력 면접에는 다음과 같은 주요 point로 평가하게 됩니다.

- 문제해결을 위해서 최적의 방법을 선택하는 기술이 있는가?
- 기술적 문제를 해결하기 위한 지식과 기타 자원을 선택하여 최적화하는 능력이 있는가?
- 상품 디자인, 제작, 제시 기술이 있는가?
- 목적에 맞게 다양한 도구를 사용하는 기술(스킬)능력이 있는가?
- 수행 과정에서 장비 및 기계 활용 기술이 있는가?
- 현재의 기술을 보완하거나 개선할 수 있는 기술이 있는가?
- 기술을 적용한 후에 발생할 수 있는 문제에 대응할 수 있는 대책 기술이 있는가?

KEYWORDS

기술에 대한 이해, 기술선택 및 적용, 효과적인 기술활용, 기술의 절차, 책임감, 직무역량

기술능력 수준을 스스로 알아볼 수 있는 체크리스트입니다.

본인의 평소 행동을 생각해 보고, 행동과 일치하는 것에 체크해 보시기 바랍니다.

No	문항	그렇지 않은 편이다	그저 그렇다	그런 편이다
1	나는 기술이란 무엇이고, 왜 중요한지 설명할 수 있습니다.	1	2	3
2	나는 기술능력의 의미와 중요성에 대해 설명할 수 있습니다.	1	2	3
3	나는 기술능력을 향상시키기 위한 방법에는 어떠한 것이 있는지 설명할 수 있습니다.	1	2	3
4	나는 기술의 원리와 절차, 그리고 기술 시스템에 대해 설명할 수 있습니다.	1	2	3
5	나는 기술혁신의 의미와 중요성에 대해 설명할 수 있습니다.	1	2	3
6	나는 기술의 변화와 미래에 요구되는 기술을 설명할 수 있습니다.	1	2	3
7	나는 실패한 기술이 우리사회에 미치는 영향에 대해 설명할 수 있습니다.	1	2	3
8	나는 일에 필요한 기술을 적용할 때 자원, 시간, 비용 등의 제 반여건을 파악할 수 있습니다.	1	2	3
9	나는 일을 하는 상황에 사용된 여러 가지 기술에 대한 정보를 수집할 수 있습니다.	1	2	3
10	나는 일과 관련된 기술을 선택할 때 다양한 기술의 사용에 따른 장단점을 비교할 수 있습니다.	1	2	3
11	나는 일에 필요한 최적의 기술을 선택하여 학습할 수 있습니다.	1	2	3
12	나는 일을 하는데 사용할 기술이 실제로 실현가능한 것인지를 고려하여 상황과 절차에 따라 우선적으로 필요한 기술을 적용할 수 있습니다.	1	2	3
13	나는 일을 하는데 있어서 기술사용의 어려움을 겪었다면 왜 그런 결과가 나왔는지 오류와 개선점을 확인할 수 있습니다.	1	2	3
14	나는 일을 할 때, 기술을 적용하는데 있어서 좋은 결과가 나왔다면 그것을 유지할 수 있습니다.	1	2	3
15	나는 일을 할 때, 기술을 적용한 후 새로운 기술이 요구되면 그것을 학습하고 효과적인 적용 방안을 모색할 수 있습니다.	1	2	3

• 1~6 : 정보능력 • 7~10 : 컴퓨터활용능력 • 11~15 : 정보처리능력

기술이해능력

★ ★ ★

67

본인이 지원한 직무분야에서 가장 필요하다고
생각하는 기술(스킬)은 무엇입니까?

🔍 **유사 질문**

○ 우리 회사에 근무하기 위해 필요한 역량과 지식을 습득하기 위해 노력한 경험을 말해 보세요.

○ 본인이 지원한 직무분야에서 가장 필요하다고 생각하는 기술과 향후 해당기술을 업무에 적용
하기 위한 구체적인 계획을 말해 주세요.

○ 지원한 직무를 위해서 본인이 준비한 것은 무엇입니까?

면접관의 숨은 의도

● 업무수행에 필요한 기본적인 기술의 원리 및 절차를 이해하고 있는가?

● 업무수행에 필요한 다양한 도구 사용 기술이 있는가?

● 해당 기술이 왜 필요한지 합리적인 이유가 있는가?

● 직무에 필요한 기술과 부합하는 능력인가?

● 회사의 비전을 자신의 비전 및 보유역량과 연계하여 생각하고 있는가?

Q **답변 전략**

STEP 1 ▶ 직무에 필요한 기술이 무엇인지 말합니다.

STEP 2 ▶ 그 이유와 근거를 말합니다.

STEP 3 ▶ 직무를 위해 노력하고 있는 인재임을 어필합니다.

Q **답변 예시**

제가 지원한 분야에서 ○○ 자격과 ○○ 기술능력이 가장 필요하다고 생각합니다. 두 가지 요소는 해당 분야에서 각각 이론과 실무적 전문성을 함양하는 데 있어 매우 중요하기 때문입니다.

저는 해당 자격증과 기술을 대학시절 충분히 습득하려고 노력했습니다. ○○자격을 준비하면서 ○○이론에 대한 지식과 관련한 이론적 배경을 배울 수 있었습니다. 자격증 취득을 통해 이론적 전문성을 쌓은 후, 실무적인 ○○기술의 필요성을 느껴 프로젝트 및 인턴 경험을 통해 ○○ 기술에 대한 경험을 습득할 수 있었습니다.

이러한 지식과 경험적 기술능력을 바탕으로 ○○직무에 입사하게 된다면 ○○분야에서 중요한 역할을 할 수 있을 것이라 자부합니다. 감사합니다.

Q **전문가의 Tip**

기술이해능력에 대한 질문으로 업무 수행에 필요한 기술적 원리를 올바르게 이해하고 있는지 묻는 내용입니다. 지원 직무에 필요한 기술(스킬)이 무엇인지 정확하게 알고 이를 꾸준히 개발하고 있으며, 향후 입사 후에도 장기적인 계획을 가지고 기술능력을 개발해 나가겠다는 비전을 제시하는 것이 좋습니다.

기술선택능력

★

68 자신에게 필요한 지식(기술)이라고 판단하여 별도의 노력을 통해 배운 적이 있나요?

🔍 유사 질문

○ 필요한 능력이라고 판단하여 선택한 기술이 있다면 말해 보세요.

○ 필요한 기술이라고 판단하여 배운 적이 있다면 말해 보세요. 선택하게 된 이유는 무엇이었나요?

○ 해당 직무에서 전문가가 되기 위해 습득한 것이 있다면 말해 보세요.

면접관의 숨은 의도

● 업무수행에 필요한 기술을 비교 분석한 후 장단점을 파악하여 선택하는 능력이 있는가?

● 목적에 맞게 다양한 도구 사용 기술능력이 있는가?

● 해당 기술이 왜 필요한지 합리적인 이유가 있는가?

● 직무에 필요한 기술과 부합하는 능력인가?

STEP 1 ▶ 배운 기술(자격)을 말합니다.

STEP 2 ▶ 배우게 된 이유와 자신이 변화된 점을 말합니다.

STEP 3 ▶ 배운 기술과 연관하여 향후 해당 직무에 대한 비전이나 포부를 말합니다.

Q 답변 예시

저는 영업 전문가가 되기 위해 꼭 필요한 능력이 협상력과 커뮤니케이션 능력이라고 생각합니다. 우선 현장에 대한 이해가 필요하다고 생각하여 직접 아르바이트를 하면서, 고객과 마주하고 현장을 경험해 보았습니다. 또한, 현장학습만으로는 부족하다고 판단하여 전문 스피치 학원을 다니면서 관련 역량을 습득하였습니다. 현장 경험과 전문성 습득을 통해 학교나 기타 프로젝트에서 발표를 도맡아 하였고, 인턴십에서도 고객 불만 매니저로 활동하기도 하였습니다. 이러한 커뮤니케이션 능력을 바탕으로, 향후 영업 커리어를 개발하고 추가적으로 마케팅과 영어를 공부하여 ○○ 회사가 글로벌 시장으로 진출하는 데 일조하는 신입사원이 되겠습니다.

Q 전문가의 Tip

기술선택능력은 업무 수행에 필요한 다양한 기술을 인지하고 그중에 최적의 대안을 선택하는 능력입니다. 자신이 지원한 직무에 필요한 여러 가지 기술을 이야기하고, 그중에 자신이 선택해서 개발한 내용에 대해 설명하면 됩니다. 이때, 그렇게 선택한 이유를 명확하게 밝히는 것이 좋습니다.

기술적용능력

★ ★ ★ ★ ★

69

자신의 전공이 회사(또는 지원분야)에 어떻게 도움이 되는지 설명해 보세요.

🔍 **유사 질문**

○ 자신의 전공, 지식, 기술을 우리 회사에 어떻게 적용(활용)할 것인가?

○ 자신의 전공이 당사 또는 업종에 관련된 점을 말해 보세요.

○ 전공이 업무에 어떻게 도움이 되겠는가?

○ 수강한 전공과목 중에 가장 기억에 남는 과목은 무엇인가요?

면접관의 숨은 의도

● 희망하는 직무분야의 비전과 지원동기가 명확한가?

● 희망직무에 필요한 자신의 역량과 특성을 알고 있는가?

● 직무에 필요한 역량과 부합하는 능력인가?

Q 답변 전략

| STEP 1 | 지원하는 직무와 자신의 전공을 말합니다. |

| STEP 2 | 어떤 연관성과 도움이 되는지 이유를 말합니다. |

| STEP 3 | 경험적 사례를 말하면서 적합한 인재임을 강조합니다. |

Q 답변 예시

영업 직무에서 가장 중요한 것은 관계라고 생각합니다. 저는 심리학을 전공하면서 사람들의 말과 행동의 이면에 있는 이유 등을 파악하고 적절하게 대응하는 방법을 배웠습니다. 또한, 사람들 간의 관계에서 발생하는 역학 관계나 갈등, 시너지 등을 배울 수 있었습니다. 또한 이론적인 내용뿐만 아니라 ○○ 회사의 영업 직무 인턴 경험을 통해 관계를 구축하고 유지하는 가장 중요한 방법은 서로 간의 신뢰와 배려라는 것을 깨달을 수 있었습니다. 영업 실적이 좋기 위해서는 여러 가지가 필요합니다. 하지만 그중에 핵심은 거래처나 고객과 좋은 관계를 유지하는 것이 가장 중요하다고 생각합니다. 신뢰와 배려를 최우선으로 하는 가치관, 그동안 배우고 쌓은 경험을 토대로 관계를 중심으로 영업 성과를 만들어 내는 직원이 되겠습니다.

Q 전문가의 Tip

자신이 지원하는 직무에 필요한 기술적 지식을 정확하게 알고 있는지 확인하는 질문입니다. 직무의 특성을 정확하게 알고 그에 합당한 기술을 보유하고 있음을 제시해야 합니다. 기술(스킬)은 기계적인 기술만을 말하는 것이 아니라 다양한 직무에서 필요로 하는 스킬을 말합니다. 예를 들어 사무관리에는 재무와 회계, 인사시스템 사용 기술이며, 영업에는 커뮤니케이션 스킬, 구매에는 협상 스킬 등이 있습니다.

기술적용능력

★

70

습득한 기술(스킬)을 실제 상황에 적용하여 결과물을 만들어 낸 적이 있나요?

🔍 **유사 질문**

○ 직무에 필요한 기술(스킬)을 배워 적용한 사례를 말해 주세요.
○ 직무와 다른 기술(스킬)을 배운 것이 있다면 말해 주세요.

면접관의 숨은 의도

● 직무를 이해하고 관련된 지식과 기술이 있는가?
● 업무수행에 필요한 기술을 실제로 여러 가지 상황에 적용하여 성과를 낼 수 있는 능력이 있는가?
● 목적에 맞게 다양한 도구를 사용하는 기술(스킬)능력이 있는가?
● 직무에 필요한 역량과 부합하는 능력인가?

STEP 1 ▶ 기술을 활용하여 좋은 결과를 만들어 낸 경험을 이야기합니다.

STEP 2 ▶ 구체적인 방법이나 행동에 대해 이야기합니다.

STEP 3 ▶ 경험의 결과를 말합니다.

Q 답변 예시

대학교 1학년 시절 배워 놓은 엑셀 기본 함수 Sumifs, countifs, hlookup을 활용해서 판매 아르바이트를 할 때 좋은 결과를 만들어 낸 경험이 있습니다. 아르바이트 업무 중 판매 현황을 정리하고 마감해야 하는 일이 있었습니다. 계산기와 수기를 통해 진행한 업무는 부정확하고 더디기만 했습니다. 그래서 저는 평소 연습한 엑셀 함수를 이용해 판매 현황 문서를 만들었습니다. 판매 항목을 구분하고 항목에 따른 금액을 표준화하여 자동으로 판매 금액이 입력될 수 있도록 하였습니다. 각 항목별 판매금액에 대한 조건 값을 통해 항목별 전체 판매 현황이 필요한 결과 값으로 자동 계산되어 한눈에 확인할 수 있도록 하였습니다. 이를 통해 마감업무 시간을 절반 이상 단축할 수 있었고 사장님께서 너무 편하다며 매우 만족스러워하셨습니다.

Q 전문가의 Tip

아는 것과 행하는 것은 다릅니다. 자신이 알고 있는 기술 지식을 실제로 적용하는 능력이 있는지 확인하는 질문입니다. 답변의 방향은 구체적인 과업에 있어서 어떤 기술 지식을 활용해서 성과를 냈는지 일목요연하게 설명해야 합니다. 또한 향후 주어진 업무에서 어떻게 활용할 수 있는지 함께 이야기하면 좋습니다.

기술적용능력

★

71

기존에 사용하던 기술(스킬)을 새롭게 적용해 본 경험이 있다면 말해 보세요.

Q 유사 질문

○ 프로젝트 수행 시 기존에 사용하던 기술과 장비를 관습적으로 되풀이하기보다, 적합한 기술 및 장비를 새롭게 적용해 본 경험이 있다면 말씀해 주십시오.

면접관의 숨은 의도

● 업무수행에 필요한 기술을 비교 분석한 후 장단점을 파악하여 선택하는 능력이 있는가?

● 목적에 맞게 다양한 도구 사용 기술능력이 있는가?

● 직무에 필요한 역량과 부합하는 능력인가?

● 직무를 이해하고 관련 지식과 기술이 있는가?

● 업무수행에 필요한 기술을 실제로 여러 가지 상황에 적용하고 활용할 수 있는 능력이 있는가?

STEP 1 ▸ 새로운 기술을 활용하여 좋은 결과를 만들어 낸 경험을 이야기합니다.

STEP 2 ▸ 구체적인 방법이나 행동에 대해 이야기합니다.

STEP 3 ▸ 경험의 결과와 느낀 점을 이야기합니다.

Q **답변 예시**

IT 봉사단원으로 활동하던 시절, 저의 코딩 실력으로 ○○ 프로그램을 만들어 봉사단원들의 큰 호응을 얻은 경험이 있습니다. IT 봉사단 ○○○에서 업무 수행 중 현지 상황에 ○○○이 필요함을 느꼈습니다. 꼭 필요한 것은 아니었지만, 제 코딩 능력을 적용하면 사람들에게 도움이 될 수 있다고 판단했습니다. 결국 학교에서 코딩 개발자로서 인정받았던 제 실력으로 ○○을 위한 ○○○을 개발하여 봉사단의 환경 개선에 크게 기여했습니다. 또한, 기술을 현장에 적용해 보면서 저의 부족한 점을 알 수 있었고, 책과 기타 활동을 통해 부족한 제 기술을 보완할 수 있었습니다. 제가 배운 기술을 알고 있는 것에 그치지 않고 상황에 맞게 적극적으로 활용할 수 있는 능력과 기술을 지속적으로 보완/발전시켜 나가는 능력을 통해 향후 업무를 함에 있어서도 전문성을 키워 나가겠습니다.

Q **전문가의 Tip**

본인이 알고 있는 기술능력 외에 새로운 방법을 시도하거나 더 나은 방법을 찾기 위해 노력하는지를 묻는 질문입니다. 평소에 새로운 시도를 아끼지 않고, 좀 더 나은 방법을 고민하며, 새로운 기기에 관심을 가지고 활용하려고 노력한다는 점을 어필하면 좋습니다.

기술적용능력

★

72 사무기기(시스템)의 오작동을 처리하거나 수리한 경험이 있다면 말해 주세요.

Q 유사 질문

○ 프린트나 팩스가 고장 났을 때 수리한 경험이 있나요?

○ 사무기기가 고장 났을 때 어떻게 처리하나요?

○ 지금까지 살아오면서 기기(컴퓨터/TV/냉장고/핸드폰 등)의 오작동을 처리하거나 수리한 경험이 있다면 말씀해 주십시오.

○ IT 시스템 및 프로그램 오류를 처리한 경험이 있다면 말해 주세요.

면접관의 숨은 의도

● 사무기기(전자기기, 시스템, 프로그램)와 관련 지식이 있는가?

● 문제해결에 필요한 기술을 실제로 여러 가지 상황에 적용하여 사용할 수 있는가?

● 목적에 맞게 다양한 도구 사용 기술능력이 있는가?

● 직무에 필요한 역량과 부합하는 능력인가?

STEP 1	경험에 대한 상황을 제시합니다.
STEP 2	문제를 해결하기 위해 어떠한 노력을 어떻게 했는지 설명합니다.
STEP 3	경험의 결과를 말합니다.

Q 답변 예시

아르바이트를 할 때, 갑자기 작동하지 않는 복합기를 고쳐서 다시 정상적으로 작동하도록 한 적이 있습니다. 급한 업무가 밀려 있었지만, 상황의 심각성을 파악하고 문제 해결을 위해 매진했습니다. 우선 간단한 몇 가지 테스트를 통해 어떤 상황에서 작동이 안 되는지를 파악하였고 그 원인을 찾기 위해 인터넷 검색을 통해 기초 정보를 파악하였습니다. 이후, ○○○ 서비스 센터 상담원과 통화를 하면서 정확한 원인을 파악할 수 있었습니다. 문제의 원인은 네트워크 오류였으며, 내부 네트워크 설정 조정을 통해 문제를 해결하였습니다. 이런 문제 해결의 과정을 통해 복합기 작동 원리 및 부품 등에 대해 공부할 수 있었고 향후 복합기 관련 문제가 발생하면 제가 처리할 수 있는 능력이 갖춰지게 되었습니다. 제 업무를 미뤄두고 몇 시간의 시간을 투자해야 했지만 그만큼 값진 일이었다고 생각하며, 이를 통해 제 문제해결에 대한 역량이나 의지가 강화되었다고 생각합니다.

Q 전문가의 Tip

업무 수행에 필요한 기기를 사용하다가 발생한 문제를 해결하는 능력에 대해서 묻는 질문입니다. 문제를 해결하기 위해 적절한 방법을 찾는지, 끝까지 포기하지 않고 문제를 해결하고자 노력하는지를 어필하는 것이 중요합니다. 문제 해결의 프로세스를 알고 있는 점과 문제 해결에 대한 의지를 강조하는 것이 좋습니다.

CHAPTER 09

역 량 별 면 접 답 변 전 략

조직이해능력

09
Chapter

조직이해능력

조직이해능력이란 직업인으로서 일상적인 직장 생활에 요구되는 조직의 경영과 체제를 이해하고 이를 기반으로 자신의 업무특성을 파악하며 국제적인 감각을 기르는 능력을 의미합니다.

- 조직이해능력은 자신이 속한 조직의 경영과 체제를 이해하고, 직장생활과 관련된 국제감각을 가지는 능력을 의미합니다.
- 자신이 하는 업무가 조직의 목표를 달성하는 데 기여할 수 있도록 자신이 속한 조직의 전체 체제와 경영 원리를 이해하고 업무를 하는 능력을 키워야 합니다.
- 급변하는 환경변화를 인지하고 국제적인 동향을 파악함으로써 국제감각을 가지는 능력을 의미합니다.

○ 하위능력

국제이해능력	다른 나라의 문화를 이해하고 국제적인 동향을 이해하며 이를 업무에 활용하는 능력
조직체제 이해능력	조직의 구성원으로서 자신이 속한 조직의 구조와 목적, 문화, 규칙 등과 같은 조직체제를 파악하는 능력
경영이해능력	현재 운영체제의 문제는 무엇이고 생산성을 높이기 위해 어떻게 개선되어야 하는지 등을 이해하고 자신의 업무에 적용하는 능력
업무이해능력	직업인으로서 자신에게 주어진 업무의 내용을 알고 그에 필요한 지식, 기술, 행동을 확인하는 능력

조직에 대한 이해가 부족하면 원만한 직장생활이 어려워 퇴사하는 비율이 높아지게 됩니다. 자신이 지원하는 기업의 비전과 미션, 인재상, 핵심가치가 무엇인지를 알고, 앞으로의 성장 방향을 아는 것은 조직에 적응하고 원만한 조직생활을 영위하는 데 큰 도움이 될 수 있습니다.

조직이해능력의 면접에는 다음과 같은 주요 point로 평가하게 됩니다.

- 회사 비즈니스에 대해 이해하고 있는가?
- 자신이 속한 조직의 특성과 체제를 설명할 수 있는가?
- 조직 전체의 목표와 구성을 이해하고 규칙 및 규정을 파악하여 업무를 수행하는 능력이 있는가?
- 전체 조직에서 자신이 맡은 역할을 구분하는 능력이 있는가?
- 업무처리 과정 및 절차에 대한 설명 능력이 있는가?
- 국제동향을 이해하고 분석하여 업무상황에 활용하는 능력이 있는가?

KEYWORDS

업무이해, 경영이해, 체제이해, 조직이해, 국제감각, 업무처리 프로세스, 가치 조직이해능력 수준을 스스로 알아볼 수 있는 체크리스트입니다.

본인의 평소 행동을 생각해 보고, 행동과 일치하는 것에 체크해 보시기 바랍니다.

No	문항	그렇지 않은 편이다	그저 그렇다	그런 편이다
1	나는 조직의 의미를 설명할 수 있습니다.	1	2	3
2	나는 조직이해가 왜 필요한지 설명할 수 있습니다.	1	2	3
3	나는 조직이 어떻게 운영되는지 설명할 수 있습니다.	1	2	3
4	나는 조직의 체제를 구성하는 요소를 구분할 수 있습니다.	1	2	3
5	나는 전체 조직에서 내가 맡은 업무를 설명할 수 있습니다.	1	2	3
6	나는 세계화가 직장생활에 미치는 의미를 설명할 수 있습니다.	1	2	3
7	나는 조직변화 계획을 수립할 수 있습니다.	1	2	3
8	나는 조직과 나와의 관계를 설명할 수 있습니다.	1	2	3
9	나는 경영의 의미와 과정을 설명할 수 있습니다.	1	2	3
10	나는 조직에서 의사결정이 어떻게 이루어지는지 설명할 수 있습니다.	1	2	3
11	나는 내가 속한 조직의 경영전략을 설명할 수 있습니다.	1	2	3
12	나는 근로자들이 조직경영에 참여하는 방법을 설명할 수 있습니다.	1	2	3
13	나는 내가 속한 조직의 목표를 설명할 수 있습니다.	1	2	3
14	나는 내가 속한 조직의 구조를 설명할 수 있습니다.	1	2	3
15	나는 내가 속한 조직문화의 특징을 설명할 수 있습니다.	1	2	3
16	나는 내가 속한 집단의 특성을 설명할 수 있습니다.	1	2	3
17	나는 나의 업무 특성을 설명할 수 있습니다.	1	2	3
18	나는 적절한 업무수행 계획을 수립할 수 있습니다.	1	2	3
19	나는 업무수행의 방해요인을 확인할 수 있습니다.	1	2	3
20	나는 국제감각을 길러야 하는 필요성을 설명할 수 있습니다.	1	2	3
21	나는 다른 나라 문화를 이해하는 방법을 설명할 수 있습니다.	1	2	3
22	나는 전공과 관련된 국제동향을 파악할 수 있습니다.	1	2	3
23	나는 글로벌시대의 국제매너를 갖추고 있습니다.	1	2	3

• 1~8 : 조직이해능력 • 9~12 : 경영이해능력 • 13~16 : 조직체제이해능력
• 17~19 : 업무이해능력 • 20~23 : 국제감각

국제감각

★ ★ ★

73 글로벌 회사로 발전하기 위해 지원자의 역할은 무엇이라고 생각하십니까?

🔍 **유사 질문**

○ 글로벌 인재가 되기 위해 어떤 역량(지식, 스킬, 태도, 마인드)이 필요한지 말해 보세요.

○ 글로벌 인재로서 필요한 역량은?

○ 우리 회사의 발전(비전)과 관련하여 글로벌 경쟁력을 갖추기 위해 지원자의 역할은 무엇이라고 생각하십니까?

○ 해외 근무 의사가 있습니까?

면접관의 숨은 의도

● 국제동향을 이해하고 분석하여 업무상황에 활용하는 능력이 있는가?

● 글로벌 경쟁력을 갖추기 위한 자신만의 역량이 있는가?

● 글로벌 경쟁력을 갖추기 위한 업무(지식/태도/기술) 내용과 역할을 파악하고 있는가?

● 영어 또는 다른 외국어로 의사소통이 가능한가?

● 경영환경에 적응할 수 있는 국제적 감각이 있는가?

● 회사의 비즈니스와 직무의 역할을 이해하고 있는가?

Q 답변 전략

STEP 1 ▶ 글로벌 회사가 되기 위해 지원자가 할 수 있는 역할은 무엇인지 말합니다.

STEP 2 ▶ 역할에 대한 근거와 이유를 말합니다.

STEP 3 ▶ 지원자가 노력하고 있는 분야와 자신만이 가지고 있는 강점을 말합니다.

Q 답변 예시

저는 글로벌 인재의 첫 번째 조건으로 정보력을 꼽고 싶습니다. 산업 간 경계가 불분명하고 경쟁의 무대가 세계로 옮겨간 지금 국내 시장이나 동일한 산업 간의 경쟁만을 염두해 둔 사고 방식으로는 경쟁에서 도태될 수 있다고 생각합니다.

그런 의미에서 저는 학창시절부터 하버드 비즈니스 리뷰나 기타 매거진 등을 통해 해외의 다양한 사례를 수집하고 분석하는 일을 하였으며, ○○동아리에서 케이스 스터디 모임을 이어오고 있습니다. 이를 통해 국내외 다양한 기업의 성공 및 실패 사례를 확인할 수 있었고, 대학 시절 과제나 공모전 등에 이런 정보들을 활용해서 좋은 성과를 만들어 낼 수 있었습니다.

향후 기업에 입사하게 되더라도 현재 주어진 업무에 매몰되지 않고 출퇴근 시간이나 기타 휴식 시간을 활용해서 정보 수집에 대한 노력과 세계를 향한 관심을 등한시하지 않겠습니다.

Q 전문가의 Tip

국제 감각의 기본은 개방성과 수용성입니다. 타 문화나 언어에 대해 열린 자세를 가지고 대한다는 점을 어필하면 좋습니다. 또한 실질적으로 글로벌 인재가 되기 위해서 어떤 노력을 했는지, 그리고 현재 어떤 역량을 갖추게 되었는지 구체적으로 밝히면 됩니다.

국제감각

★ ★

74

글로벌 시대에 우리 회사가 나아가야 할 방향에 대해 설명해 보세요.

Q 유사 질문

○ 미래산업을 전망해 본다면?

○ 글로벌 회사의 조건은 무엇이라고 생각합니까?

○ 우리 회사가 글로벌 회사로 나아가기 위해 갖추어야 할 조건은 무엇이라고 생각합니까?

면접관의 숨은 의도

● 회사의 비즈니스와 직무의 역할을 이해하고 있는가?

● 대내외 관점을 바라보는 시각과 국제이슈에 관심을 가지고 향후 전망과 역할에 대한 자신만의 의견을 제시하는가?

● 국제동향을 이해하고 분석하여 업무상황에 활용하는 능력이 있는가?

● 경영환경에 적응할 수 있는 국제적 감각이 있는가?

● 글로벌 경쟁력을 갖추기 위한 자신만의 역량이 있는가?

STEP 1	지원 회사가 글로벌 회사로 성장하기 위한 방향에 대해 말합니다.
STEP 2	구체적으로 자신의 의견과 관련된 사례가 있으면 말합니다.
STEP 3	지원자가 할 수 있는 역할과 이를 뒷받침하는 역량이 무엇인지 말합니다.

Q **답변 예시**

○○회사가 글로벌 기업으로 성장하기 위해서는 제품이나 서비스가 세계적인 경쟁력이 있어야 한다고 생각합니다. 그리고 그 경쟁력은 결국 고객으로부터 시작된다고 생각합니다. 고객들의 페인포인트, 불편, 필요 등을 민감하고도 신속하게 파악하여 제품이나 서비스에 반영할 때 결국 제품의 경쟁력이 생긴다고 생각합니다. 그래서 저는 평소 블로그, SNS 등을 통해 ○○와 관련된 고객들의 이슈나 필요를 파악하기 위해 노력하고 있습니다. 또한 정기적인 커뮤니티 활동을 통해 다양한 사람들이 가진 생각과 감정들을 모으고 분석하기 위해 노력하고 있습니다.

향후 ○○기업에 입사하더라도, 주어진 일만 하는 사람이 아니라 다양한 사람들과 교류하고 세상에 대한 폭넓은 관심을 통해 인사이트를 발견하고 당사의 제품과 서비스에 적극적으로 반영하는 노력으로 ○○기업이 글로벌 기업으로 나아가는 데 일조하도록 하겠습니다.

Q **전문가의 Tip**

회사 비즈니스의 핵심을 정확하게 알고 있으며, 비슷한 비즈니스를 영위하는 세계적인 기업에 대한 이해도를 묻는 질문입니다. 나아가 산업 트렌드뿐만 아니라, 사회/경제/문화 등의 트렌드에 대해서도 평소에 관심이 많으며, 이런 변화가 회사에 미치는 영향과 대비 방안을 연결시켜 답변하면 좋은 평가를 받을 수 있습니다.

경영이해능력

★ ★ ★ ★ ★

75

우리 회사에 지원하게 된 동기는 무엇입니까?

Q **유사 질문**

○ 우리 회사에 대해 어떻게 알고 지원했나요?

○ 우리 업종에서 근무하고 싶은 이유는 무엇입니까?

○ 인턴은 경쟁사에서 했는데 우리 기업에 지원한 이유는 무엇인가요?

○ 어느 회사에 또 지원했습니까? 동시에 합격하게 되면 어디에 갈 생각입니까?

○ 우리 회사 입사를 위해 준비한 것은 무엇입니까?

○ 자신의 어떤 특성이 우리 회사 업종과 적합하디고 생각히는기?

○ 우리 회사가 본인에게 더 잘 맞는다고 생각하는 이유를 말해 주세요.

○ 지원자를 뽑아야만 하는 이유를 말해 주세요.

면접관의 숨은 의도

● 회사 비즈니스에 대해 이해하고 관련 지식이 있는가?

● 희망직무에 대한 준비와 구체적인 업무(지식/태도/기술) 내용을 파악하고 있는가?

● 회사와 직무에 대한 비전과 보유역량이 부합하는가?

● 회사에 입사하고자 하는 열의와 목표가 명확한가?

● 회사에 대한 애착과 관심 및 확고한 입사의지가 있는가?

STEP 1 ▶ 지원 회사에서 하고 싶은 직무가 무엇인지 말합니다.

STEP 2 ▶ 지원 직무를 위해 어떠한 준비를 했는지 말합니다.

STEP 3 ▶ 열정과 역량이 넘치는 지원자임을 강조합니다.

Q **답변 예시**

○○회사의 ○○직무가 저의 지식과 경험을 바탕으로 가장 잘 성과를 낼 수 있으며, 향후 가장 많이 성장할 수 있는 분야라고 생각합니다.

저는 이 직무를 위해 교육공학을 전공하면서 인적자원관리, 인사, 노무관리 등 HR 관련 지식을 습득하였습니다. 또한 4학년 인턴십 프로그램에서 ○○기업의 인사팀 인턴 경험을 수행하면서 인력 운영과 조직관리에 대한 실무적인 경험도 갖추고 있습니다.

○○ 회사에 입사하게 된다면 저의 관련 분야에 대한 열정, 그리고 지식과 경험을 발전시켜 HR 전문가로 성장해 나가며 회사에 이바지하겠습니다.

Q **전문가의 Tip**

이 질문은 회사가 얼마나 좋은지 회사에 대한 평판이나 가치를 묻는 질문이 아닙니다. 회사보다 지원 직무에 초점을 맞춰 답변하는 것이 좋습니다. 질문의 핵심은 〈직무이해도 및 직무적합성〉입니다. 지원기업에 대한 관심 표명은 가볍게 하고, 해당 직무에 대한 자신의 비전과 중심으로 말하는 것이 중요합니다.

경영이해능력

★ ★ ★ ★ ★

76

우리 회사의 주요 사업에 대해 아는 대로 말해 보세요.

Q 유사 질문

○ 우리 회사의 사업 분야에 대해 보세요.

○ 당사의 주력상품(사업)은 무엇인가요?

○ 우리 회사에 대해 아는 대로 말해 보세요.

○ 당사의 국내외 사업장/공장에 대해 아는 대로 말해 보세요.

○ 우리 회사의 홈페이지를 보았다면, 어떤 항목을 관심있게 살펴보았는가?

○ 우리 회사는 어떤 사입을 하는 회사인지 말해 보세요.

○ 우리 회사와 경쟁사를 비교하여 말해 주세요.

면접관의 숨은 의도

● 회사 비즈니스에 대해 이해하고 자신이 속한 조직에 대한 이해와 지식이 있는가?

● 회사에 대한 배경지식(연혁, 조직도, 주요 사업, 경영성과, 매출, 고객사, 인재상 등)을 가지고 있는가?

● 회사의 비전을 자신의 비전과 역량에 연계하여 사고하는가?

● 직무에 대한 이해와 맡은 업무에 대한 수행 능력이 있는가?

● 회사에 입사하고자 하는 열의와 명확한 목표의식이 있는가?

● 직무에 대한 역할과 구체적인 업무(지식/태도/기술) 내용을 파악하고 있는가?

STEP 1 지원회사의 주력사업이 무엇인지 말합니다.

STEP 2 주력사업에 대한 설명을 합니다.

STEP 3 지원자의 직무와 연계하여 어떤 역할을 할 수 있는지 어필합니다.

Q 답변 예시

○○회사의 주요 사업은 ○○입니다.

본점인 서울 ○○사업소에는 ○○상품과 서비스를 중점으로 하며, 지점인 부산, 광주, 대전 사업소는 ○○상품과 서비스를 제공합니다. 2022년 1월 기준으로 경쟁사인 ○○회사와 점유율 4% 차이가 나고 있으나, 곧 출시되는 신상품 ○○으로 역전이 될 수 있을 거라 생각합니다.

입사를 하여 ○○ 직무를 수행한다면, 신상품 ○○의 판매를 높이기 위한 ○○지원을 위해 최선을 다할 것입니다.

Q 전문가의 Tip

사업이나 조직 경영에 대한 이해 능력을 가지고 있는지 확인하는 질문입니다. 지원하는 기업에 대한 관심과 입사의지를 확인하는 것이므로 사업장 위치, 주요 상품이나 서비스, 주요 고객층, 면접 전 최근 이슈 등에 대해 꼼꼼히 숙지하는 것이 기본이며 추가적으로 향후 발전 방향에 대해서 언급하면 좋습니다.

경영이해능력

★★★★

77

우리 회사의 핵심가치 중 자신이 생각하는 중요한 가치는 무엇인가요?

유사 질문

○ 우리 회사의 사원정신은 무엇이라고 생각합니까?

○ 우리 회사의 핵심가치(조직가치, 중요가치)가 무엇인지 아십니까?

○ 당사 핵심가치 중 자신과 어울리는 것은 무엇입니까?

○ 당사 핵심가치 중 가장 중요하다고 생각하는 것은? 그 이유는?

○ 우리 회사 인재상 중 자신과 잘 부합하는 것과 근거/사례를 말해 보세요.

○ 인재상에 부합하는 자신의 사례를 말해 보세요.

○ 당사가 어떤 사람을 원하는지 아십니까? 인재상에 부합하는 자신의 사례를 말해 보세요.

○ 우리 회사의 인재상 중 본인에 해당하는 한 가지와 그 이유에 대해 말해 보세요.

면접관의 숨은 의도

● 회사 비즈니스에 대해 이해하고 조직의 특성을 아는가?

● 회사 조직의 가치(조직문화, 비전, 인재상)와 부합하는가?

● 자신의 가치를 조직의 목표와 가치에 연계하여 사고하는가?

● 회사에 로열티를 가지고 조직을 위해 근무하고자 하는 명확한 목표의식이 있는가?

● 회사 비전과 자신의 비전 및 보유역량이 부합하는가?

STEP 1 ▶ 자신이 중요하게 생각하는 가치를 이야기합니다.

STEP 2 ▶ 그 이유과 근거(사례)를 말합니다.

STEP 3 ▶ 말한 것을 근거로 자신이 회사에 적합한 인재임을 강조합니다.

Q 답변 예시

당사의 3가지 핵심가치 창의, 열정, 전문성 중 저의 가치와 가장 부합하는 것은 열정입니다. 물론 다른 가치도 중요합니다. 하지만 창의력을 키우고 전문성을 기르려면 배우고자 하는 노력이 수반되어야 하는데 여기에 가장 필요한 것이 열정이 아닐까 생각하기 때문입니다. 업무나 조직에 대한 열정에서 전문성이 생기고 창의적인 사고도 생긴다고 생각합니다. 또한, 맡은바 업무를 책임감 있게 수행하기 위해서는 열정이 뒷받침되어야 가능하다고 생각합니다. 세상은 급변하고 기업환경 또한 빠르게 변하고 있습니다. 식지 않는 열정을 기반으로 전문성과 창의력을 확보하여 변화에 능동적으로 대응하고 성장하는 인재가 되겠습니다.

Q 전문가의 Tip

기업마다 대외적으로 공표하고 있는 인재상은 인사 평가 및 교육의 기본이 되는 항목으로 많은 고민을 통해 선정한 중요한 인재의 조건입니다. 인재상에 대해 사전에 철저하게 숙지해야 하며 그중 자신의 강점이 어디 있는지 명확하게 답변해야 합니다.

경영이해능력

★ ★ ★ ★ ★

78

마지막으로 하고 싶은 말이나 궁금한 점이 있으면 말해 보세요.

🔍 유사 질문

○ 마지막으로 하고 싶은 말이 있습니까?

○ 면접 보느라 고생 많았습니다. 혹시 회사에 궁금한 것 있으시면 질문해 주세요.

○ 면접관에게 마지막으로 하고 싶은 말이 있다면 무엇인가?

○ 이것으로 면접을 마치겠습니다. 혹시 질문 있습니까?

면접관의 숨은 의도

● 회사에 근무하고자 하는 명확한 목표의식이 있는가?

● 조직의 구성원으로 자신의 역할을 적극적으로 수행하고 회사에 기여하고자 하는 의지가 있는가?

● 회사 조직의 가치(조직문화, 비전, 인재상)와 부합하는가?

● 회사에 계속 근무하려는 확고한 의지가 있는가?

● 회사 비즈니스에 대해 이해하고 자신이 속한 조직에 대한 이해와 지식이 있는가?

Q 답변 전략

STEP 1 지원 기업에 대한 열정을 이야기합니다.

STEP 2 지원하는 직무에 합격하기 위해 노력한 내용을 말합니다.

STEP 3 열정과 역량이 넘치는 지원자임을 강조합니다.

Q 답변 예시

서류합격의 기쁨 이전에 1차 면접준비에 대한 걱정과 압박감이 몰려왔습니다. 이를 극복해 보고자 ○○지점에 무작정 찾아가 하루 종일 선배님들의 일하는 모습을 지켜보았습니다. 그때였습니다. 어떤 선배님이 저에게 다가와 무슨 일로 왔냐고 물어보셨고, 저는 사실대로 이번에 당사 서류전형에 합격한 ○○○이라고 말씀드렸습니다. 합격하고 싶은 간절한 제 마음을 예쁘게 보셨는지 궁금한 점들을 너무 잘 설명해 주셨고, 밝고 긍정적인 모습이 보기 좋다며 합격하면 꼭 찾아오라며 명함도 함께 주셨습니다. 지금 제 주머니에는 그분의 명함이 있습니다. 마치 합격 부적처럼 말이죠. 이번 면접에 꼭 합격해서 감사 인사를 드릴 수 있는 행운이 있었으면 좋겠습니다.

Q 전문가의 Tip

이 질문은 평가를 위한 질문이라기보다, 면접의 종료를 알리는 시그널입니다. 앞서 답변했던 내용을 첨언하거나 자신의 강점이나 지원 동기 등을 말하는 행동은 좋지 않습니다. 20~30초 내외로 간략히 이야기하되, 진정성 있는 입사의지를 표현하는 것이 중요합니다. 감동이 있거나, 의미가 있거나, 재미가 있는 클로징 멘트를 반드시 준비해 가시기 바랍니다.

경영이해능력
★ ★ ★

79

우리 회사의 최근 이슈에 대해 본인의 의견을 말해 보세요.

🔍 유사 질문

○ 최근 이슈가 된 사건이 우리 회사에 끼친 영향에 대해 말해 보고 대응방안을 설명해 보세요.

○ 최근 쟁점이 되는 사회적 이슈(시사이슈)에 대해 말해보고, 그에 대한 귀하의 생각을 말해 보세요.

○ 우리나라 최고의 시사이슈(사회적 문제)는 무엇입니까?

○ 해당 업종의 최근이슈에 대해 말해 보세요.

○ 우리 업계의 현재 근 이슈는 무엇이라고 생각하는기?

면접관의 숨은 의도

● 대내외 관점을 바라보는 시각을 가지고 향후 전망과 역할에 대한 자신만의 의견을 제시하는가?

● 회사의 비즈니스와 직무의 역할을 이해하고 있는가?

● 회사의 비전을 자신의 비전과 역량에 연계하여 사고하는가?

● 직무에 대한 자신만의 핵심역량이 있는가?

● 직무에 대한 역할과 구체적인 업무(지식/태도/기술) 내용을 파악하고 있는가?

STEP 1 ▶ 회사의 최근 이슈를 말합니다.

STEP 2 ▶ 이슈에 대한 지원자의 의견이나 견해를 이야기합니다.

STEP 3 ▶ 해결하기 위한 방법이나 지원직무와 연계하여 자신의 역할을 강조합니다.

Q 답변 예시

코로나19로 인한 ○○○ 업계의 가장 큰 이슈로 외부적으로는 경쟁사 ○○○ 진출, 내부적으로는 ○○○ 기술의 한계점을 말씀드릴 수 있습니다.

이러한 내, 외부의 이슈로 인해 영업이 힘들어지고 매출 하락으로 이어질 가능성이 높다고 생각합니다. 이를 방지하기 위해 새로운 ○○상품의 기술 한계점을 극복하여 상품 경쟁력을 높이는 것이 필요하다고 생각합니다.

입사를 한다면 ○○직무에서 ○○상품의 경쟁력을 높이기 위한 기술 개발과 연구를 위해 최선을 다하겠습니다. 감사합니다.

Q 전문가의 Tip

기업이 독립적으로 세상에 존재하는 것은 아닙니다. 기업은 세상과 관계하며 연결되어 있기 때문에 필연 세상의 변화는 기업의 활동에 영향을 미치게 되어 있습니다. 이에 기업을 둘러싼 경영환경, 산업환경, 사회/문화적인 환경, 기타 트렌드 등을 파악하고 있는 것이 중요합니다. 또한 이런 환경적인 요인이 기업 경영에 미치는 시사점이나 대응 방안을 고민해야 합니다. 다만, 지원 기업에 대한 부정적인 발언은 삼가는 것이 좋습니다. 면접관은 평가자이기 이전에 그 기업의 일원이기 때문입니다.

경영이해능력

★ ★ ★

변화에 적응하고 주도하기 위해
우리 회사가 해야 할 일에 대해서 말해 보세요.

🔍 **유사 질문**

○ 우리 회사가 나아가야 할 방향은 무엇이라고 생각합니까?
○ 어떤 회사가 시장에서 지속적으로 성장할 수 있다고 생각하는가?

면접관의 숨은 의도

● 회사 비즈니스에 대해 이해하고 조직의 특성을 아는가?
● 대내외 관점을 바라보는 시각을 가지고 향후 전망과 역할에 대한 자신만의 의견을 제시하는가?
● 회사의 비전을 자신의 비전과 역량에 연계하여 사고하는가?
● 직무에 대한 자신만의 핵심역량을 가지고 있는가?

STEP 1 변화를 위해 회사가 해야 할 일을 2~3가지로 말합니다.

STEP 2 이유와 근거를 말합니다.

STEP 3 지원직무와 연계하여 자신의 역할을 강조합니다.

Q **답변 예시**

○○○ 업계의 가장 큰 변화는 ○○으로, 이에 대응하기 위해 회사가 해야 할 일은 내부적으로 ○○○ 향상, 외부적으로는 ○○○ 진출이라고 생각합니다.

글로벌 기업 ○○의 성장은 이러한 두 가지 측면을 가지고 변화에 성공한 사례입니다. 제가 입사를 한다면 ○○직무에서 내부적으로 ○○○경쟁력을 높이기 위해 기술 개발과 연구를 위해 최선을 다하며, 또한 외부적으로도 ○○○을 위해 아낌없이 노력을 하겠습니다.

Q **전문가의 Tip**

사업이나 조직 경영에 대한 이해 능력을 가지고 있는지 시장에 대한 트렌드를 알아보는 질문입니다. 지원하는 기업과 산업에 대한 다양한 측면의 시각을 가지고 이야기하되, 단순히 사실적인 측면만을 이야기하지 말고, 이를 개선하거나 해결하는 방법도 함께 이야기하여 지원하는 기업에 대한 꾸준한 관심과 입사의지를 밝히는 것이 중요합니다.

조직체제이해능력

★ ★ ★ ★ ★

81

조직생활에서 가장 중요하다고 생각하는 것은 무엇인가요?

🔍 **유사 질문**

○ 직장(사회)생활에서 가장 중요한 것은 무엇이라고 생각합니까?

○ 회사 생활하면서 필요한 것 2가지를 말해 보세요.

면접관의 숨은 의도

● 자신이 속한 조직의 특성과 체제 설명 능력이 있는가?

● 조직의 구성원으로 적극적으로 자신의 역할을 수행하고자 하는 의지가 있는가?

● 회사에 입사하고자 하는 열의와 명확한 목표의식이 있는가?

● 회사 조직의 가치(조직문화, 비전, 인재상)와 부합하는가?

STEP 1 ▶ 자신이 조직 생활에서 중요하다고 생각하는 것을 말합니다.

STEP 2 ▶ 이유와 근거를 말합니다.

STEP 3 ▶ 자신의 역량을 언급하며 입사 의지를 강조합니다.

Q 답변 예시

조직생활 중 가장 중요하다고 생각하는 것은 '책임감'입니다. 업무를 수행함에 있어서 아무리 힘들더라도 끝까지 해내는 책임감이야말로 신뢰의 원천이기 때문입니다. 저는 학부 생활을 할 때, 학업에 열중하면서도 학생회 임원으로서 책임감을 갖고 일한 경험이 있습니다. 1년간 학과를 위해 학과 동문회 창설, UCC 제작 및 상영, 연주 공연, 재학생 장기자랑, 경품행사, 졸업 선배와의 밤 등 학생회 팀원들과 다양한 행사를 기획하여 성공적으로 진행하였습니다. 저의 이런 노력은 재학생뿐만 아니라 졸업생들에게까지 전해지며 책임감 있게 잘했다는 평가를 받을 수 있었습니다.

제가 해야 할 일을 명확하게 아는 것, 그리고 그것을 끝까지 해내고자 하는 의지가 결합될 때 책임감이 완성된다고 생각합니다. 조직 내에서 제가 할 일을 명확하게 인지하고, 매번 좀 더 나은 방법을 고민하고 실천하는 의지로 책임감을 가진 구성원이 되겠습니다.

Q 전문가의 Tip

조직구성원으로서 관계적인 측면, 업무적인 측면, 조직적인 측면 등에서의 역량을 평가하는 질문입니다. 신입 지원자라면 태도적인 측면을 강조하고, 경력 지원자라면 조직의 성과 측면을 강조하는 것이 좋습니다. 기업의 인재상이나 핵심가치 등과 연계해서 자신이 중요하게 생각하는 것을 설명하면 유리합니다.

82

조직체제이해능력

★ ★ ★ ★ ★

입사 후, 다른 직무에 배치된다면 어떻게 할 건가요?

Q 유사 질문

○ 본인이 지원한 직무가 아닌 원치 않는 직무를 해야 한다면 어떻게 할 건가요?

○ 다른 부서에 배치된다면 어떻게 할 생각입니까?

○ 희망업무 외 다른 업무를 병행하거나, 타 부서로 로테이션(직무순환)해야 한다면?

○ 회사에서 자신이 싫어하는 일을 시키면 어떻게 할 것인가?

○ 본인 직무에 맞지 않는 일을 한다면 어떻게 할 건가요?

○ 지원한 분야가 본인하고 잘 안 맞으면 어떻게 할 것인가?

○ 직무가 바뀌어도 괜찮습니까?

○ 입사 후 희망 부서에 배치되지 않는다면?

면접관의 숨은 의도

● 새로운 환경이나 조직의 특성에 맞추어 융화하는 능력 및 의지가 있는가?

● 조직 전체의 목표와 구성을 이해하고 규칙 및 규정을 파악하는 능력이 있는가?

● 조직의 구성원으로 적극적으로 자신의 역할을 수행하고자 하는 의지가 있는가?

● 조직의 절차와 체계에 순응할 수 있는 성향을 지녔는가?

STEP 1 ▶ 희망직무를 지원하게 된 배경을 이야기합니다.

STEP 2 ▶ 다른 직무에 배치될 경우 조직결정에 대해 인정(수긍)하는 것에 대하여 말합니다.

STEP 3 ▶ 향후 희망직무에 대한 포부를 말합니다.

Q 답변 예시

제가 지원한 희망직무는 ○○입니다.

이를 위해 관련 지식을 쌓고, 인턴 경험을 하면서 지금은 이 직무가 저의 적성에 맞고 전문성이 있다고 생각합니다. 하지만 직무가 변경된다는 것은 조직의 현재 상황과 저의 능력을 고려한 회사의 결정이라고 생각하는 만큼 수용하고 도전하도록 하겠습니다. 새로운 분야의 도전 역시 좋은 기회라 생각하고 최선을 다하겠습니다.

땅을 깊이 파려거든 우선 넓게 파라는 말을 좋아합니다. 새롭고 다양한 직무 경험을 통해 넓게 배우고 제가 지원한 직무에서 깊이 있는 전문성을 발휘할 수 있는 기회가 오면 그 또한 감사하게 생각하고 열심히 일하겠습니다.

Q 전문가의 Tip

조직에서 직무가 변경되거나 다른 부서에 배치되는 일은 종종 있습니다. 조직의 명을 받아들이느냐 그렇지 않느냐라는 판단보다 이러한 상황을 이해하고 대응하는 방법을 이야기하는 것이 좋습니다. 합격만 시켜 주면 무엇이든 하겠다든지, 희망직무가 아니면 절대 안 된다는 극단적인 대답은 피하는 것이 좋습니다. 직무가 변경될 수 있다는 조직 체제에 대한 이해력과 이를 긍정적으로 수용하고 변화에 적극적으로 대처하겠다는 태도로 답변하면 됩니다.

83

조직체제이해능력

★ ★

입사하게 된다면, 회사에 바라는 것이 무엇인지 말해 보세요.

Q 유사 질문

○ 바람직한 회사(조직)의 모습은 무엇이라고 생각합니까?

면접관의 숨은 의도

● 회사 비즈니스에 대해 이해하고 조직의 특성을 아는가?

● 조직 전체의 목표와 구성을 이해하고 규칙 및 규정을 파악하는 능력이 있는가?

● 회사의 비전을 자신의 비전 및 보유역량에 연계하여 사고하는가?

● 조직의 절차와 체계에 순응할 수 있는 성향을 지녔는가?

STEP 1	지원회사에 입사 비전을 말합니다.
STEP 2	자신의 업무 능력과 노력에 대해 강조합니다.
STEP 3	감사인사와 입사의지를 말합니다.

Q 답변 예시

회사에 바라는 것을 말씀드리기보다, 저의 입사 후 각오를 짧고 굵게 말씀드리겠습니다.

첫째, 빠르게 조직 및 업무에 적응하겠습니다.

둘째, 책임감을 갖고 작은 것이라도 적극적으로 하려고 하겠습니다.

셋째, 직무수행을 위한 역량 개발을 게을리하지 않겠습니다.

이상입니다.

Q 전문가의 Tip

이 질문은 진짜 회사에 바라는 것이 있는지를 확인하는 질문이 아닙니다. 회사의 복지나 급여, 근무환경과 관련된 답변은 하지 않는 것이 좋습니다. 대신, 회사의 비전과 연계하여 자신의 포부나 각오를 밝히는 것으로 답변을 대신하는 것이 좋습니다.

업무이해능력

★ ★ ★ ★ ★

84

입사하면 어떤 일을 하고 싶은가요? 그렇게 생각하는 이유를 말해 보세요.

Q 유사 질문

○ 입사하게 된다면 어떤 업무를 제일 잘 하실 수 있습니까?

○ 지원분야의 핵심사업이 무엇이고 이를 잘하기 위해서는 어떠한 역량이 필요하다고 생각하십니까?

○ 입사하면 무슨 일을 하고 싶습니까?

○ 입사하면 구체적으로 어떤 직무를 해보고 싶습니까?

○ 자신의 적성을 볼 때, 입사 후 어떤 일이 맞다고 생각합니까?

○ 지원분야 중 구체적으로 어느 분야에 관심이 있습니까?

○ 어떤 부서에서 일하고 싶은가? 그 부서에서 어떤 일을 하고 싶은가?

면접관의 숨은 의도

● 회사 비즈니스에 대해 이해하고 관련 지식이 있는가?

● 직무에 대한 역할과 구체적인 업무(지식/태도/기술) 내용을 파악하고 있는가?

● 자신의 전문성 수준에 대한 객관적 인식이 있는가?

● 회사 비전과 자신의 비전 및 보유역량이 부합하는가?

STEP 1 ▶ 희망직무를 말합니다.

STEP 2 ▶ 이유를 말합니다.

STEP 3 ▶ 자신의 강점을 희망직무와 연관지어 적합한 인재임을 강조합니다.

Q 답변 예시

저는 ○○부서의 업무를 하고 싶습니다.

그 이유는 회사의 영업이익이 ○○부서에서 중심적으로 창출되기에, 그만큼 핵심이 되는 부서라고 생각하기 때문입니다. 처음 시작하는 저에게 ○○부서의 업무는 다양한 업무로 힘들고 고되겠지만 제가 가진 ○○ 역량을 기반으로 더 많이 배우고 성장할 수 있는 기회가 될 것이라 생각합니다.

Q 전문가의 Tip

전체와 부분의 관계를 이해하고 있는지 평가하는 질문입니다. 회사 전체의 비즈니스와 지원하는 직무가 회사에서 하는 역할 간의 상관관계를 설명한 후, 지원 부서의 강점과 개선점을 균형감 있게 말하고 극복 방안에 대해 설명합니다. 마지막으로 지원 부서와 연계하여 자신이 갖추고 있는 지식과 스킬, 태도 등을 답변하면 됩니다.

업무이해능력

★★★★★

85

회사의 발전(비전)을 위해
지원직무의 역할은 무엇이라고 생각하십니까?

Q 유사 질문

○ 해당 직무분야를 지원한 이유는 무엇입니까?

○ 지원한 직무에 관심을 가지게 된 이유는? 해당분야를 희망하는 이유는?

○ ○○직무를 원하는 이유는? 왜 지원했습니까?

○ 해당 업무에서 가장 필요한 역량은 무엇이라 생각하나요?

면접관의 숨은 의도

● 회사 비즈니스에 대해 이해하고 관련 지식이 있는가?

● 직무에 대한 역할과 구체적인 업무(지식/태도/기술) 내용을 파악하고 있는가?

● 회사 비전과 자신의 비전 및 보유역량이 부합하는가?

● 입사 후 역량개발계획과 회사 기여에 대한 목표가 있는가?

Q 답변 전략

STEP 1 ▶ 지원직무의 역할을 이야기합니다.

STEP 2 ▶ 해당 직무가 수행하는 역할의 내용을 구체적으로 말합니다.

STEP 3 ▶ 지원직무에 기여할 수 있는 자신만의 강점을 어필합니다.

Q 답변 예시

○○회사에서의 마케팅 직무의 핵심 역할은 고객데이터 분석이라고 생각합니다. 먼저, 10~20대 고객을 대상으로 한 신제품 런칭을 위해 인터넷과 모바일 등의 SNS에서 다양한 서비스를 경험하고 있는 그들의 소비 습관, 트렌드, 검색 키워드 등을 분석하도록 하겠습니다. 분석 결과 핵심 사항을 서비스 기획 부서에 전달하여 새로운 서비스 런칭을 지원하겠습니다. 또한 기존 고객들에 대한 서비스 개선을 위한 분석도 중요하다고 생각합니다. 고객 사용 경험 분석을 통해 페인 포인트는 개선하고, 강점은 더욱 개발하여 타사와 차별화하는 데 힘쓰겠습니다. 저는 이런 분석 능력 함양을 위해 고객 분석을 위한 ○○데이터 분석 방법과 툴(Tool) 사용법을 공부하여 SNS 고객 분석 프로젝트를 수행하였으며, SNS 대표기업 ○○의 서포터즈로 참여하며 관련 역량을 키워왔습니다. 입사하게 된다면 마케팅 부서에서 고객 데이터를 분석하고 고객 경험을 설계하는 데 일조하도록 하겠습니다.

Q 전문가의 Tip

조직 내에서의 지원 직무의 역할을 이해하고 직무에 대한 이해도를 확인하는 질문입니다. 뛰어난 스펙을 가지고 있더라도 해당 직무에 대한 이해력이 떨어지고, 그 직무를 선택한 명확한 이유가 없다면 답변하기 어려운 질문입니다. 해당 직무에 대한 이해력, 선택 이유, 자신이 갖추고 있는 역량을 연계해서 이야기하면 됩니다.

업무이해능력

★ ★ ★

86

신규 상품 또는 서비스에 대한 아이디어를
생각해 본 것이 있다면 말해 주십시오.

 유사 질문

○ 현재 제공하고 있는 상품/재품/서비스 외에 새로운 아이디어가 있으면 말해 보세요.

○ 신규 사업 아이디어를 말해 보세요.

○ 신상품 중 잘 팔릴 만한 것에는 어떤 것들이 있습니까?

○ 당사 신제품은 어떤 것이 나왔으면 좋겠습니까?

면접관의 숨은 의도

● 회사에 지속적인 관심을 가지고 사업 전반의 비즈니스를 이해하고 있는가?

● 분석한 내용을 토대로 문제의 본질을 이해하거나 새로운 시각으로 아이디어를 도출하는 능
력이 있는가?

● 직무와 연계하여 다양한 아이디어를 제안하고 새로운 방법의 적용을 시도하는가?

STEP 1	아이디어를 말합니다.
STEP 2	해당 아이디어의 근거를 구체적으로 설명합니다.
STEP 3	이를 통해 얻은 결과에 대해 이야기합니다.

Q 답변 예시

귀사는 카메라 제조 및 판매 기업입니다. 물론 주요 고객층은 구매력이 있는 성인이라고 생각합니다. 하지만 제가 생각하기에 카메라는 아이들의 시각적 표현력을 키워줄 수 있는 효과적인 놀이도구가 될 수 있다고 생각합니다. 이에 저의 아이디어는 일부 저가 카메라에 아이들이 좋아할만한 스티커로 랩핑을 진행해서 키즈 카메라로 런칭해 보는 것입니다. 실제 야마하와 같은 악기 회사에서도 주요 고객층은 성인이지만 아이들을 대상으로 한 제품과 서비스를 런칭하여 좋은 반응을 얻고 있고, 전체 매출의 10% 이상을 차지하고 있습니다. 사업 초기에는 비록 어려움이 있을지도 모르지만 장기적인 비전과 성장 가능성을 판단했을 때 타깃층을 넓혀서 새로운 비즈니스를 해보는 것도 도움이 될 것이라고 생각합니다.

Q 전문가의 Tip

지원 회사의 비즈니스를 이해하고 지속적인 관심을 가지고 있는지 확인하는 질문입니다. 기업의 상품과 서비스의 장/단점, 향후 개선이 필요한 내용 등에 대해 언급하면 됩니다. 또는 기업의 주요 고객들에 대한 pain point 등을 분석해서 새로운 아이디어를 제안하는 것도 좋습니다. 이때 신상품 아이디어는 실행 가능하고 정확한 분석에 기인해서 사업성이 있음을 함께 어필하는 것이 좋습니다.

업무이해능력

★ ★ ★ ★ ★

87 우리 회사에서 판매하는 상품 또는 서비스의 강점과 약점에 대해 말해 주세요.

Q 유사 질문

○ 우리 회사 제품/상품의 문제점과 개선해야 할 점/대안을 말해 보세요.

○ 당사 제품/서비스가 고쳐야 할 단점이나 아쉬웠던 점을 말해 보세요.

○ 우리 회사 상품(제품, 서비스, 솔루션)에 대해 아는 대로 말해 보세요.

○ 나만이 알고 다른 지원자들은 모를 것 같은 당사 제품은?

○ 당사 제품을 사용하면서 혹은 주변에서 사용하면서 들은 장 · 단점은?

면접관의 숨은 의도

● 회사와 업계 비즈니스에 대해 이해하고 관련 지식이 있는가?

● 회사의 강 · 약점을 분석하고, 향후 개선/발전방향에 대한 자신만의 의견을 제시하는가?

● 회사의 강 · 약점에 대한 지원직무의 역할과 자신의 보유 역량을 연계하여 사고하는가?

STEP 1 ▶ 상품 또는 서비스의 강점과 약점을 이야기합니다.

STEP 2 ▶ 그렇게 생각하는 이유와 근거를 말합니다.

STEP 3 ▶ 강점을 부각하고, 약점을 보완하는 방법을 제시합니다.

Q 답변 예시

○○제품의 강점은 ○○이며, 약점은 ○○이라고 생각합니다.

그 이유는 위생에 대한 인식이 높아진 요즘 5중 필터, 세균저감망은 ○○제품의 핵심이며, 홈쇼 핑 판매에서도 필터와 저감장치에 관련된 리뷰와 만족도가 크기 때문입니다. 반면에 디자인에 대한 다양성이 없다는 약점이 있습니다. 고객 리뷰에 화이트와 블랙 외의 색상에 대한 요청 글이 많았으며, 크기를 다양하게 제작해 달라는 의견을 발견할 수 있습니다. 반면, 타사의 경우 계절별, 연령별로 디자인과 색상을 다양화하여 판매를 향상시키기도 합니다.

입사를 한다면 ○○직무에서 다양한 아이디어와 정보 수집을 통해 디자인 개발과 기획에 도움이 되는 사원이 되겠습니다.

Q 전문가의 Tip

직무에 대한 역량과 더불어 회사 제품 및 서비스에 대한 지식을 확인하는 질문이므로 장점을 부각하는 방법과 단점을 보완하는 방법을 균형 있게 설명하는 것이 좋습니다. 단점을 보완하기 위해 자신이 지원한 직무에서 자신의 역할이나 강점과 연계해서 설명하면 좋습니다.

CHAPTER 10

역 량 별 면 접 답 변 전 략

직업윤리

10
Chapter

직업윤리

직업윤리란 업무를 수행함에 있어 원만한 직업생활을 위해 필요한 태도, 매너, 올바른 직업관을 의미합니다.

- 직장은 사람들이 하루 중 가장 많은 시간을 보내는 공간입니다. 또한 개인은 직장 생활을 통해서 사회의 구성원으로서 참여하게 되며, 경제적 이익을 얻고 자아 실현의 도구로 활용하기도 합니다. 그만큼 중요한 의미를 지니는 곳이 직장이기 때문에 이곳에서의 직업윤리는 매우 중요한 능력이라고 할 수 있습니다.
- 직업 생활을 하는 사람들은 공동체적인 삶 속에서 원만한 직업 생활을 위해 필요한 태도, 매너, 올바른 직업관을 증진시키기 위해 직업윤리를 향상시키는 일이 필수적입니다.

◐ 하위능력

근로윤리	업무에 대한 존중을 바탕으로 근면 성실하고 정직하게 업무에 임하는 자세를 의미합니다.
공동체윤리	인간 존중을 바탕으로 봉사 정신, 책임감, 규칙 준수, 예절을 갖추고 업무에 임하는 자세를 의미합니다.

직업윤리 수준을 스스로 알아볼 수 있는 체크리스트입니다.
본인의 평소 행동을 생각해 보고, 행동과 일치하는 것에 체크해 보시기 바랍니다.

No	문항	그렇지 않은 편이다	그저 그렇다	그런 편이다
1	나는 사람과 사람 사이에 지켜야 할 도리를 지킵니다.	1	2	3
2	나는 시대와 사회상황이 요구하는 윤리규범을 알고 적절히 대처합니다.	1	2	3
3	나는 직업은 나의 삶에 있어서 큰 의미가 있고 중요하다고 생각합니다.	1	2	3
4	나는 업무를 수행하는 중에는 개인으로서가 아니라 직업인으로서 지켜야 할 역할을 더 중요하게 생각합니다.	1	2	3
5	나는 내가 세운 목표를 달성하기 위해 규칙적이고 부지런한 생활을 유지합니다.	1	2	3
6	나는 직장생활에서 정해진 시간을 준수하며 생활합니다.	1	2	3
7	나는 이익이 되는 일보다는 옳고 유익한 일을 하려고 합니다.	1	2	3
8	나는 일을 하는 데 있어 이익이 되더라도 윤리규범에 어긋나는 일은 지적하는 편입니다.	1	2	3
9	나는 조직 내에서 속이거나 숨김없이 참되고 바르게 행동하려 노력합니다.	1	2	3
10	나는 지킬 수 있는 약속만을 말하고 메모하여 지키려고 노력합니다.	1	2	3
11	나는 내가 맡은 일을 존중하고 자부심이 있으며, 정성을 다하여 처리합니다.	1	2	3
12	나는 건전한 직장생활을 위해 검소한 생활자세를 유지하고 심신을 단련하는 편입니다.	1	2	3
13	나는 내 업무보다 다른 사람의 업무가 중요할 때, 다른 사람의 업무도 적극적으로 도와주는 편입니다.	1	2	3
14	나는 평소에 나 자신의 이익도 중요하지만 국가, 사회, 기업의 이익도 중요하다고 생각하는 편입니다.	1	2	3
15	내가 속한 조직에 힘들고 어려운 일이 있으면 지시받기 전에 자율적으로 해결하려고 노력하는 편입니다.	1	2	3

16	내가 속한 조직에 주어진 업무는 제한된 시간까지 처리하려고 하는 편입니다.	1	2	3
17	내가 속한 조직에서 책임과 역할을 다하며, 자신의 권리를 보호하기 위해 노력합니다.	1	2	3
18	나는 업무를 수행함에 있어 조직의 규칙과 규범에 따라 업무를 수행하는 편입니다.	1	2	3
19	나는 조직생활에 있어서 공과 사를 구별하고 단정한 몸가짐을 하는 편입니다.	1	2	3
20	나는 질책보다는 칭찬이나 격려 등의 긍정적인 언행을 더욱 하는 편입니다.	1	2	3

• 1~4 : 직업윤리 • 5~12 : 근로윤리 • 13~20 : 공동체윤리

면접평가 주요 Point

비윤리적인 기업이나 조직 내 개인의 비윤리적인 행위는 기업 성장의 걸림돌이 될 수 있기 때문에, 지속적으로 성장하는 기업일수록 직업윤리를 강조하고 있습니다. 이런 직업윤리는 가르친다고 단시간에 개발되는 것이 아니기 때문에 면접관들이 면접을 통해 확인하고자 하는 중요한 능력이라고 할 수 있습니다.

직업윤리의 면접에는 다음과 같은 주요 point로 평가하게 됩니다.

- 조직 규범에 대한 개인의 가치 기준이 올바르고 긍정적인가?
- 개인의 가치판단 기준을 세우고, 직업/직장에 대한 관념이 올바르고 긍정적인가?
- 직장생활에서 근로자로서 지켜야 할 기본적인 도덕과 업무태도를 보유하고 있는가?
- 공동체 생활에서 타인을 배려하고, 규범을 지키려는 언행과 자세를 가지고 있는가?
- 공동체의 가치와 봉사, 근로의 보람을 가지고 있는가?

KEYWORDS

원칙준수, 책임감, 지속성, 일관성, 봉사, 성실, 근면성, 직장예절, 준법성, 솔직함

근로윤리
★ ★ ★ ★ ★

88

상사로부터 부당한 업무지시를 받는다면 어떻게 하시겠습니까?

Q 유사 질문

○ 상사가 부당한 지시(불합리한 지시, 부당한 요구, 불법한 지시)를 내린다면 어떻게 하겠습니까?

○ 상사가 잘못된 일을 시킨다면 어떻게 하겠습니까?

○ 상사가 너무 많은 일을 시키거나 무리한 부탁을 한다면?

○ 상사가 개인적인 일을 계속 시킨다면 어떻게 하겠습니까?

면접관의 숨은 의도

● 조직 규범에 대한 개인의 가치 기준이 올바르고 긍정적인가?

● 문제를 올바르게 인식하고 해결책을 제시하는가?

● 조직의 체계와 절차에 순응하며, 유연한 자세를 가지는가?

● 조직의 가치(조직문화, 인재상)와 부합하는가?

● 개인의 가치판단 기준을 세우고, 직업/직장에 대한 관념이 올바르고 긍정적인가?

STEP 1 ▶ 자신이 생각하는 부당함이 무엇인지 말합니다.

STEP 2 ▶ 상황에 따라 어떻게 행동할지 기준을 말합니다.

STEP 3 ▶ 기준에 따른 자신의 행동을 이야기합니다.

Q 답변 예시

우선 제가 생각하는 '부당함'의 기준에 대해 말씀드리고자 합니다. 첫째는 비윤리적이거나 법률적으로 위배되는 내용입니다. 이 경우 회사와 상사, 그리고 저까지 위험해질 수 있기 때문에 따를수 없다고 단호히 말씀드리고 회사의 윤리 규정에 따라 진행하겠습니다. 둘째는 원하지 않는 업무를 지시받거나 중요 업무에서 배제되는 등 경험이나 지식이 부족해서 저에게만 가해지는 차별입니다. 이런 경우에는 주위 선배님들께 상담을 하거나 상사분께 솔직하게 말하고 의견을 여쭤보겠습니다. 부족한 부분은 보완하여 조직에 필요한 인재가 되도록 노력하겠습니다.

Q 전문가의 Tip

지원자의 윤리적인 기준과 가치, 그리고 조직 적응력을 확인하기 위한 질문입니다. 여기에서 중요한 것은 것은 부정한 것과 부당한 것의 차이를 알아야 합니다. 부정한 것은 도덕적, 윤리적, 법적으로 어긋난 것을 말하며, 부당한 것은 부정함을 포함하기도 합니다. 표현의 미묘한 차이가 있으므로 부당한 것을 '무조건 하지 않겠다'라는 답변보다는 상황과 기준을 가지고 답변하는 것이 좋습니다.

근로윤리

★ ★ ★

89

상사의 비리를 알게 되었다면 어떻게 행동할 것인가요?

Q **유사 질문**

○ 상사 또는 동료가 비리 또는 부정행위를 저지르는 것을 알았다면 귀하는 어떻게 하겠습니까?

○ 상사가 뇌물을 받고 일처리하는 것을 알게 되었다면?

○ 상사 혹은 선배가 회사 규정에 어긋난 일을 한다면?

○ 선임자가 처리한 일 중 불법사항을 발견했다면?

○ 상사나 고객이 접대나 금품을 요구하면 어떻게 하겠습니까?

면접관의 숨은 의도

● 비리(위법한 행위)라는 의미를 알고 답변하고 있는가?

● 직장/조직에 대한 개인의 가치 기준이 올바르고 긍정적인가?

● 규칙이나 법규 준수에 올바른 사고를 가지고 있는가?

● 문제를 올바르게 인식하고 해결책을 제시, 행동하는가?

● 조직 문화와 절차에 순응하며, 유연한 자세를 가지고 있는가?

STEP 1 ▶ 상사의 비리를 알게 될 경우 행동을 말합니다.

STEP 2 ▶ 자신이 행동하는 윤리적인 기준을 말합니다.

STEP 3 ▶ 향후 자신의 기준에 대한 의지를 강조합니다.

Q 답변 예시

상사의 비리를 알게 될 경우 3가지로 행동하겠습니다.

첫째, 부서 상위자에게 보고하도록 하겠습니다. 둘째는 회사의 규범과 절차에 따르도록 하겠습니다. 셋째는 상사의 상위자가 없는 경우입니다. 이 경우 외부의 도움을 얻어 비리를 없애도록 할 것입니다. 상사뿐만 아니라 회사 내의 비리를 알고 결코 눈을 감거나, 상사의 지시와 권력에 회유당하는 일이 없도록 윤리적인 기준과 자세를 가지는 신입사원이 되겠습니다.

Q 전문가의 Tip

지원자의 올바른 윤리기준과 판단 능력을 가지고 있는지 확인하는 질문입니다. 답변의 핵심은 원칙을 지키고 행동하는 의지를 보여주는 것입니다. 주의해야 할 점은 회사는 윤리기준에 따른 규정과 처리 프로세스가 있다는 것입니다. 회사 내 비리를 단독으로 결정하여 외부(또는 SNS)에 폭로하지 않도록 합니다.

근로윤리

★★

90

개인적인 어려움이 따르더라도 신의 · 성실을 다하여
윤리적으로 행동했던 경험을 말해 보세요.

Q **유사 질문**

○ 희생을 각오하고 윤리적으로 행동한 경험을 말해 보세요.

○ 윤리적 갈등을 겪었던 경험을 말해 보세요. 어떻게 행동했습니까?

○ 당시에는 윤리적 가치를 지키는 것이 어려웠지만, 스스로 당당했다고 자부할 수 있었던 경험
을 말해 주세요.

○ 손쉬운 편법을 통해 큰 성과를 얻을 수 있었던 유혹을 이겨내고, 정직한 방법을 선택했던 경험
을 말해 수세요.

면접관의 숨은 의도

● 직장생활에서 지켜야 할 기본적인 도덕과 업무태도를 보유하고 있는가?

● 상대방과의 신의를 중요하게 생각하며 신뢰를 받을 수 있는 도덕적 품성을 가졌는가?

● 공동의 목표와 이익이 개인보다 우선함을 인지하는가?

● 조직의 가치(조직문화, 인재상)와 부합하는가?

Q 답변 전략

STEP 1 ⟩ 경험한 상황에 대해 이야기합니다.

STEP 2 ⟩ 신의·성실을 다한 행동을 위해 어떠한 노력을 했는지 말합니다.

STEP 3 ⟩ 경험의 결과를 말합니다.

Q 답변 예시

저는 ○○○에서 ○○○○을 파는 아르바이트를 할 때 윤리적으로 바르게 행동했었던 경험이 기억에 남습니다.

○○○은 고객분들이 구매 판단을 할 때 신선함이 가장 중요시되는 품목 중 하나입니다. 그렇지만 기존 직원분들은 며칠이 지난 ○○○도 당일 아침에 들어왔다고 하며 고객에게 팔곤 했습니다. 직원분들은 저 또한 그렇게 행동하기를 바랐습니다. 하지만 저는 이런 방법이 단기적인 이득만 바라본 행동이라 생각하였고 점주님께 보고하여 이러한 문제들을 설명하였습니다. 그 후, 고객분들께 입고 날짜를 솔직하게 말씀드리고 그 사실을 바탕으로 고객들이 구매를 판단할 수 있도록 하였습니다. 결과적으로는 매출에 영향이 없었으며, 언젠가 발생할 수 있는 컴플레인이나 사고의 원인을 차단할 수 있었다고 생각합니다.

회사에 입사해서도 이런 윤리적 가치를 최우선으로 삼고 행동하도록 하겠습니다.

Q 전문가의 Tip

조직이든 개인이든 누구나 자신의 이익을 우선으로 하는 경향이 있습니다. 때로 조직은 매출이나 이익 달성을 위해 불합리한 요구를 하기도 하고, 정당하지 못한 방법을 강요하기도 합니다. 개인 또한 가치 판단에 있어서 개인의 이익 앞에 망설이는 경우가 많습니다. 이런 상황에서 어떻게 행동하는지를 확인하기 위한 질문입니다. 답변은 본인이 중요하게 생각하는 가치가 무엇이고, 이를 지키기 위해 희생하고 감내할 용기가 있다는 내용으로 진행하면 됩니다.

근로윤리
★ ★

91

편법보다 정직을 선택한 경험이 있습니까?

🔍 유사 질문

○ 원칙을 준수해서 좋은 성과를 낸 경험이 있습니까?

○ 현실과 타협하거나 편법을 사용하지 않고 원칙대로 일을 처리해서 좋은 결과를 이끌어 냈던 경험은?

○ 남들이 신경 쓰지 않는 부분까지 고려하여 절차대로 업무를 수행하여 성과를 낸 경험은?

○ 약속을 지키기 어려운 상황을 이겨내고, 지키기 위해 노력했던 경험이 있다면 말해 보세요.

면접관의 숨은 의도

● 겸손한 자세와 폭넓은 교양을 갖추고 있는가?

● 상대방과의 신의를 중요하게 생각하며 신뢰를 받을 수 있는 도덕적 품성을 가졌는가?

● 타인을 배려하고, 규범을 지키려는 자세가 있는가?

● 조직 체제를 이해하고, 유연한 자세를 가지고 있는가?

● 공동의 목표와 이익이 개인보다 우선함을 인지하는가?

● 조직의 가치(조직문화, 인재상)와 부합하는가?

STEP 1 ▸ 경험한 상황에 대해 말합니다.

STEP 2 ▸ 정직을 선택한 이유와 본인의 행동을 이야기합니다.

STEP 3 ▸ 경험의 결과를 말합니다.

Q 답변 예시

저는 정직함이 편법을 이길 수 있다고 생각합니다. 팀으로 진행된 인턴실습에서 함께 과제를 진행하기보다는 상사의 눈에 잘 보이기 위해 보여주기식 일을 하는 동료가 있었습니다. 평소에는 인맥관리나 쉬운 일만 골라서 하다가 상사에게 보고할 때는 자신이 모든 일을 한 것처럼 행동하였습니다. 동료의 행동에 화가 나기도 했지만, 인턴실습으로 업무를 배우는 만큼 팀워크도 중요하다는 생각으로 신경 쓰지 않고 업무를 차근차근 배워나갔습니다. 인턴 마지막 날 평가에서 편법으로 보여주기식 일만 하는 동료가 가장 낮은 점수를 받은 것을 알게 되었습니다. 이를 통해 말의 정직함뿐만 아니라 행동 역시 책임을 다하는 정직함의 중요성을 알게 되었고, 그것이 결국은 편법을 이기는 가장 큰 힘이라는 것을 배웠습니다.

Q 전문가의 Tip

지원자의 가치관과 윤리성에 대해 묻는 질문입니다. 업무를 하다 보면 정직함보다 편법의 유혹이 많습니다. 편법의 유혹에 넘어가지 않는 올바른 가치관과 도덕성이 있는지 확인하는 질문인 만큼, 본인의 올바른 인성과 소신, 그에 맞는 경험 사례를 들어 신뢰감을 줄 수 있도록 대답하는 것이 중요합니다.

근로윤리

★★

92

직장인으로서의 직업윤리가 왜 중요한지 말해 주세요.

 유사 질문

○ 기업의 윤리경영이 무엇이며 중요성에 대해 말해 보세요.

○ 한국기업의 윤리경영에 대한 귀하의 견해는?

○ 윤리경영이 기업이 추구하는 본질적인 가치와 상충된다고 생각하는가?

○ 투명한 경영이 무엇이라고 생각하는가?

○ 직장인으로서 갖추어야 할 윤리의식은 무엇입니까?

○ 본인이 얼마나 책임감(성실함, 긍정적, 사발적)이 강한지 실명해 보세요.

○ 당신은 우리 회사를 위해 거짓말을 하시겠습니까?

면접관의 숨은 의도

● 직장/조직에 대한 개인의 가치 기준이 올바르고 긍정적인가?

● 조직 체제를 이해하고 순응하는 성향을 지녔는가?

● 직장생활에서 지켜야 할 기본적인 도덕과 업무태도를 보유하고 있는가?

● 조직의 가치(조직문화, 비전, 인재상)와 부합하는가?

STEP 1 ▸ 직업윤리가 중요한 이유를 밝힙니다.

STEP 2 ▸ 그러한 근거와 관련 사례를 구체적으로 말합니다.

STEP 3 ▸ 자신의 생각과 지원직무를 연관지어 말합니다.

Q 답변 예시

개인이 조직에 기여할 수 있는 여러 가지 요소 중에 가장 중요한 것은 동료 그리고 회사와의 신뢰를 지키는 일이라고 생각합니다. 그런 측면에서 직업윤리는 전문성이나 기타 능력 이전에 가장 우선한다고 생각합니다. 여러 가지 직업윤리 중에 제가 가장 중요하게 생각하는 점은 3가지입니다. 첫째, 정직입니다. 그 어떤 가치와도 타협할 수 없는 내용입니다. 둘째, 책임감입니다. 제가 완수하는 일이 팀의 성과나 조직의 이익에 기여할 수 있게 최선을 다하겠습니다. 셋째, 성실입니다. 제게 주어진 시간이나 기타 자원을 허투루 쓰지 않고 효율적으로 활용할 수 있도록 매사 노력하겠습니다.

Q 전문가의 Tip

올바른 직업윤리를 가지고 있는지를 평가하기 위한 질문입니다. 그러므로 지원기업의 직업윤리가 무엇이지 사전에 조사하는 것이 중요하며, 직업에 대한 자신만의 가치와 소명의식에 대해 답변하는 것이 좋습니다.

공동체윤리

★ ★ ★ ★ ★

93

봉사활동을 한 경험이 있는가?
봉사활동을 통해 어떤 점을 배우거나 느꼈는지 말해 주세요.

유사 질문

○ 봉사활동 경험이 있습니까? 봉사활동에 대해 말해 보세요.

○ 봉사활동을 통해 배운 점은 무엇입니까?

○ 봉사활동을 한번도 안 한 이유는 무엇입니까?

○ 해외봉사활동경험을 말해 보세요. 국내에도 어려운 사람들이 많은데 해외로 나간 이유는?

○ 봉사란 무엇이라고 생각합니까?

○ 기업의 봉사활동에 대해 어떻게 생각합니까?

○ 봉사활동을 특별히 많이 했는데, 기업의 사회 환원 활동에 대한 본인의 생각은 어떠합니까?

면접관의 숨은 의도

● 개인의 가치판단 기준에 따른 직장/조직에 대한 관념이 올바르고 긍정적인가?

● 공동의 목표와 이익이 개인보다 우선함을 인지하는가?

● 공동체의 가치와 봉사, 근로의 보람을 가지고 있는가?

● 봉사활동의 동기, 가치, 보람 등의 내용에 진실성이 있는가?

STEP 1	봉사활동 경험에 대한 상황과 역할을 말합니다.
STEP 2	봉사활동에서 일어난 에피소드를 말합니다.
STEP 3	경험을 통해 느낀 점이나 배운 점을 이야기합니다.

Q 답변 예시

독거노인분들을 위한 도시락 배달 봉사가 가장 기억에 남습니다. 처음에는 방학 기간을 이용해서 주 1~2회 정도 봉사활동을 하였습니다. 어르신들이 봉사활동을 하는 저에게 고마워하시고 가끔 저를 친손주 대하듯 반갑게 대해주시는 모습에 큰 보람을 느꼈습니다. 이후 방학뿐만 아니라 학기 중에도 도시락 배달 봉사를 꾸준히 하게 되었고 ○○동네 어르신의 도시락을 책임지는 일까지 하게 되었습니다. 봉사활동을 통해 느낀 점은 남들이 고마워하는 것에서 오는 보람이 아니었습니다. 내 스스로 누군가를 위해 일하면서 느끼는 자부심이었습니다. 그 자부심은 자존감을 높이고 자신감을 높이는 데 기여했다고 생각합니다. 향후 조직에서도 남을 위해 뭔가를 하는 봉사가 아니라 스스로 자부심을 느낄 수 있는 일을 찾아서 남을 돕는 직원으로 조직에 보탬이 되도록 하겠습니다.

Q 전문가의 Tip

봉사활동은 시간 자체가 중요한 것이 아닙니다. 활동의 지속성과 꾸준함이 더 중요합니다. 단발성 봉사활동은 보여주기식 활동으로 오해하기 쉬워 진정성이 떨어집니다. 봉사활동에 대한 자신의 가치를 말하고 이를 통해 배운 점을 어필하는 것이 좋습니다.

공동체윤리

★★★★★

94

개인적으로 중요한 일과 회사 업무가 겹쳤다면 어떻게 하겠는가?

 유사 질문

○ 중요한 약속이 있는데 상사가 퇴근 직전에 새로운 일을 주고 끝내라고 한다면?

○ 개인적으로 중요한 일이 있는데 갑자기 팀 전체가 야근을 해야 하는 상황이라면 어떻게 하겠습니까?

○ 업무 도중 자녀가 다쳤다는 연락을 받으면 어떻게 하겠습니까?

면접관의 숨은 의도

● 본인의 일에 책임을 다하고자 하는가?

● 개인의 가치판단 기준에 따른 직장/조직에 대한 관념이 올바르고 긍정적인가?

● 공동의 목표와 이익이 개인보다 우선함을 인지하는가?

● 공동체의 가치와 봉사, 근로의 보람을 가지고 있는가?

● 봉사활동의 동기, 가치, 보람 등의 내용에 진실성이 있는가?

STEP 1 ▶ 행동에 대한 기준을 제시합니다.

STEP 2 ▶ 기준에 대한 이유를 이야기합니다.

STEP 3 ▶ 결과에 대한 자신만의 가치관을 강조하며 말합니다.

Q 답변 예시

물론 두 가지 모두 포기할 수 있는 중요한 내용이지만, 공과 사는 구분해야 한다고 생각합니다. 직장인으로서 책임감 있게 회사의 업무를 수행하는 것이 먼저라고 생각합니다. 개인적인 일은 다른 분께 부탁하고 우선 업무를 책임감 있게 완수하는 것을 목표로 행동하겠습니다. 다만, 경우에 따라서는 개인적인 일이 중요할 수 있기 때문에 중요도와 시급성을 고려해서 행동하겠습니다. 개인적인 일이 매우 시급하거나 미루기 힘든 중요한 일이라고 한다면 상사에게 말씀드리고 의견을 여쭙도록 하겠습니다. 인생에서 중요한 일을 놓치고 일한다면 집중하기 어려울 뿐만 아니라 후회가 남을 수도 있기 때문입니다. 상사분도 이 점을 충분히 이해해 주실 거라 생각합니다.

Q 전문가의 Tip

회사는 Work-life balance 즉, 일과 삶의 균형을 중요하게 생각합니다. 무조건 회사가 더 중요하다고 답하는 지원자는 진정성이 떨어지므로 좋은 답변은 아닙니다. 일과 개인의 삶은 모두 중요하기 때문에 상황에 따라 기준을 가지고 행동하는 답변이 합리적입니다.

공동체윤리

★★★★

95

팀 회식과 개인약속이 겹친다면 어떻게 하겠습니까?

🔍 **유사 질문**

○ 직장일과 개인적으로 급한 일이 겹쳤다면 어떻게 하겠습니까?

○ 이성친구가 이별을 통보하는데 회사에 일이 있다면?

○ 부모님과 해외여행을 가기 위해 예약했는데, 회사 야유회가 갑자기 잡힌다면?

○ 어렵게 예매한 공연의 입장 10분 전인데 회사에서 급히 들어오라는 연락을 받았다면?

○ 제사와 출장이 겹친다면? / 조부모 장례식과 겹친다면?

면접관의 숨은 의도

● 팀 회식을 업무의 연장으로 인식하는가?

● 직장/조직에 대한 개인의 가치 기준이 올바르고 긍정적인가?

● 조직 체제를 이해하고, 유연한 자세를 가지고 있는가?

● 공동의 목표와 이익이 개인보다 우선함을 인지하는가?

● 조직의 가치(조직문화, 인재상)와 부합하는가?

STEP 1 행동에 대한 기준을 제시합니다.

STEP 2 기준에 대한 이유를 말합니다.

STEP 3 결과에 대한 자신만의 윤리기준, 가치관을 강조하며 마무리합니다.

Q 답변 예시

개인 약속과 팀 회식 모두 중요한 일이라고 생각합니다. 다만, 우선순위를 따져보고 행동하는 것이 옳다고 생각합니다. 팀 회식이 업무상 중요하다고 판단되면, 당연히 회사 회식에 참석하고 개인적인 약속을 미루겠습니다. 그러나 개인적인 일이 미루기 힘들고 중요한 경우에는 팀장님께 말씀드리고 정중히 양해를 구하겠습니다. 물론, 이런 임시방편적인 대처보다 더 중요한 것은 평소의 제 평판 관리라고 생각합니다. 비슷한 상황은 언제든지 발생될 수 있기 때문에 평소 업무에 있어서 최선을 다하고, 주변 동료들의 일에도 자발적으로 나서서 제가 위급한 상황에 대비하도록 하겠습니다. 그럴 경우 제가 개인적인 일로 자리를 비우게 되더라도 충분히 이해해 주실 수 있을 거라 생각합니다. 결국 평소의 신뢰 형성과 평판에 달려 있다고 생각합니다.

Q 전문가의 Tip

행동의 기준이 조직의 문화에 수긍하는지 알아보는 질문입니다. 단순히 개인 약속을 강조한다거나 조직이 우선이라는 답변은 좋은 답변이 아닙니다. 상황에 따른 기준과 중요성을 말하여 조직체제를 이해하고 유연한 자세를 가지고 있는 지원자임을 어필합니다.

공동체윤리

★ ★ ★ ★

96

규칙이나 제도를 불합리하다고 느껴 본 경험이 있나요?
어떻게 바꾸고 싶은가요?

🔍 유사 질문

○ 최근 쟁점이 되는 사회적 이슈를 말해 보시고 그에 대한 귀하의 생각을 말해 보세요.

○ 우리나라 최고의 시사이슈/사회적 문제는 무엇입니까?

○ 자신이 속한 조직 내 잘못된 관행이나 습관을 바꾸는 데 주도적 역할을 한 경험을 말해 보세요.

○ 불합리한 관습이나 관행에 대응한 경험을 말해 보세요.

○ ○○○ 제도에 대한 귀하의 생각을 말해 보세요.

면접관의 숨은 의도

● 직장/조직에 대한 개인의 가치 기준이 올바르고 긍정적인가?

● 조직의 체제를 이해하고 순응하려는 태도가 있는가?

● 불합리하다고 생각하는 이유가 합리적이고 논리적인가?

● 타인을 배려하고, 규범을 지키려는 자세가 있는가?

● 공동의 목표와 이익이 개인보다 우선함을 인지하는가?

Q 답변 전략

STEP 1 경험한 상황을 설명합니다.

STEP 2 문제를 해결하기 위해 어떠한 노력을 어떻게 했는지 이야기합니다.

STEP 3 경험의 결과를 말합니다.

Q 답변 예시

고객의 불만 요구에 정해진 프로세스가 없는 경우 현장 담당자로서 대처가 어려운 상황이 많습니다. 그래서 저는 합리적인 고객 불만 대응 프로세스를 구축하는 것이 중요하고, 나아가 고객의 요구 내용과 수준에 따라 담당자의 권한과 재량권을 부여하는 기준 마련이 필요하다고 생각합니다. 저의 경험을 말씀드리자면, 과거 부산 ○○호텔에서 근무할 당시 개인의 부주의로 기간이 지난 옵션 혜택을 연장해 달라는 고객 요구가 있었습니다. 시즌 한정으로 이미 협약이 종료된 상태라 연장은 할 수 없지만, 다른 이벤트로 혜택을 대체해 드릴 수 있다는 제안을 드렸습니다. 고객은 자신의 실수를 미안해 하며 대체할 수 있는 방법에 고마워 했습니다. 고객의 불합리한 요구였지만 회사 내 프로세스를 기반으로 제가 처리할 수 있는 재량 범위 내에서 처리할 수 있는 기준이 있었기에 가능했다고 생각합니다.

Q 전문가의 Tip

회사의 프로세스는 조직을 운영하는 데 있어 매우 중요합니다. 그렇기 때문에 프로세스를 '좋다. 나쁘다'라고 평가하는 것은 좋은 답변이 될 수 없습니다. 특히 지원 회사의 불합리한 제도를 평가하는 것은 지양해야 합니다. 답변에는 프로세스를 평가하기보다 필요성을 이야기하되 이유와 근거를 논리적으로 말하는 것이 중요합니다.

공동체윤리
★★★★

97

단체의 규칙/원칙을 지키기 위해 희생하거나 손해를 본 경험을 말해 보세요.

Q 유사 질문

○ 자신이 속한 단체나 다른 사람을 위해 손해를 보거나, 희생/헌신한 경험을 말해 보세요.

○ 자신의 손해를 감수하면서 다른 사람을 도와주었던 경험을 말해 보세요.

○ 자신의 피해를 감수하고 조직의 규칙에 따라 행동한 경험이 있습니까?

○ 개인의 이익과 집단의 이익이 상충되었던 사례를 말해 보세요. 어떻게 행동하였습니까?

○ 올바른 일을 하면서 손해 봤던 경험이 있나요? 그 결과는 어땠나요?

○ 조직을 위해 희생한 경험이 있나요?

면접관의 숨은 의도

● 상대방과의 신의를 중요하게 생각하며 신뢰를 받을 수 있는 도덕적 품성을 가졌는가?

● 타인을 배려하고, 규범을 지키려는 자세가 있는가?

● 직장/조직에 대한 개인의 가치 기준이 올바르고 긍정적인가?

● 조직의 가치(제도, 문화, 인재상)와 부합하는가?

STEP 1 ▶ 경험한 상황을 설명합니다.

STEP 2 ▶ 문제를 해결하기 위해 어떠한 노력을 어떻게 했는지 말합니다.

STEP 3 ▶ 경험의 결과를 이야기합니다.

Q 답변 예시

담당자의 개인적인 사유로 해당 업무에 공백이 생긴 경우가 있었습니다. 다른 팀원들 모두 업무가 많아 대신 맡아주는 사람이 없어 눈치만 보고 있는 상황이었습니다.

저 역시 일정이 많아 업무를 맡을 여력이 없었으나, 누군가는 해야 할 일이었고 거래처와의 약속을 지켜야 했으므로 휴일을 반납하고 동료의 업무를 대신 맡아 처리하였습니다. 쉬는 날 없이 일해야 했기에 몸은 피곤했지만 동료의 고맙다는 말에 뿌듯한 마음과 함께 피곤함이 금새 씻겨나가는 것 같았습니다. 또한 몇 달 후 제 당직 근무 때 그 동료가 대신 당직을 서주겠다고 하여 저는 하루를 선물받은 기분을 느낄 수 있었습니다. 대가를 기대하지 않은 give가 더 큰 take를 가져올 수 있음을 느낄 수 있었습니다.

입사 후에도 동료들에게 더 많은 give를 나누며 윈윈할 수 있는 기회를 많이 만들어 가는 신입사원이 되도록 하겠습니다.

Q 전문가의 Tip

손해를 입고 싶어 하는 사람은 없습니다. 조직은 더 말할 것도 없습니다. 그렇다고 조직이 이익을 위해 개인의 희생을 강요하는 것은 아닙니다. 올바른 가치관을 가지고 원칙을 지키는 모습을 보여주는 것이 중요합니다.

공동체윤리

★

98

조직의 규칙이나 원칙을 철저히 준수하면서 일한 경험을 말해 주세요.

🔍 유사 질문

○ 굳이 원칙을 지키지 않아도 되는 상황인데 끝까지 원칙을 지키며 일한 경험이 있습니까?

○ 자신이 속한 단체나 조직에서 규칙/규정을 지키기 위해 노력했던 경험을 말해 보세요.

○ 조직의 원칙과 절차를 철저히 준수하여 업무(연구)를 마무리한 경험에 대해 구체적으로 말해 주세요.

○ 원칙과 절차를 준수하며 업무(연구)를 마무리한 경험이 있나요? 이때, 어려운 점은 무엇이었나요?

○ 원칙과 유연함 중에서 무엇이 더 중요하다고 생각하나요?

면접관의 숨은 의도

● 규칙이나 규범을 지키지 않을 경우 생기는 문제점, 불편함을 알고 있는지 물어보는 것이다.

● 직장 또는 조직에 대한 가치와 기준이 올바르고 긍정적인가?

● 정직하고 책임감 있는 자세로 업무에 임하는 태도가 있는가?

● 타인을 배려하고, 규범을 지키려는 자세가 있는가?

● 조직의 체계 및 문화에 순응하는 성향을 지녔는가?

● 조직의 가치(인재상)와 부합하는가?

STEP 1 ▶ 경험한 상황에 대해 설명합니다.

STEP 2 ▶ 문제를 해결하기 위해 어떤 노력을 했는지 이야기합니다.

STEP 3 ▶ 경험의 결과를 말합니다.

Q **답변 예시**

○○회사에서 당직자 업무보조 아르바이트로 근무한 경험이 있습니다. 주요 업무는 매시간 근무자의 안전확인 사인을 받는 것입니다. 그런데 대부분의 근무자들은 귀찮다는 이유로 퇴근 전 한꺼번에 사인하는 관행이 있었습니다. 저는 정해진 규칙과 근무자의 안전을 위해 번거롭지만 매시간 정해진 구역을 순찰하며, 안전을 눈으로 확인하고 이상이 없다는 확인 사인을 받았습니다. 누가 알아주지는 않지만 원칙을 지키며 발생할 수 있는 사고를 미리 방지한다는 것에 큰 보람을 느꼈습니다.

입사하게 된다면 주어진 규칙과 원칙을 준수하며 모든 일에 성실하게 임하는 사원이 되겠습니다.

Q **전문가의 Tip**

조직의 규범 준수와 공동체 윤리에 대해 묻는 질문입니다. 조직 내에는 불편하거나 번거로운 규칙(규범)이 존재합니다. 그러나 번거로운 절차는 규칙(규범)을 준수하기 위한 것이므로 성실하고 책임감 있는 자세로 업무에 임하는 태도를 어필하는 것이 중요합니다.

공동체윤리

★

(다른 사람의 유혹이나 부당한 제안을 뿌리치고) 원칙과 절차대로
진행하여 성공적으로 업무를 마무리한 경험을 말해 주세요.

99

🔍 유사 질문

○ 굳이 원칙을 지키지 않아도 되는 상황인데 끝까지 원칙을 지키며 일한 경험이 있습니까?

○ 자신이 속한 단체나 조직에서 규칙/규정을 지키기 위해 노력했던 경험을 말해 보세요.

○ 정해진 원칙과 규칙을 지켜서 좋은 결과로 이어졌던 경험이 있나요? 그것을 왜 지켰나요?

○ 편법이나 요령을 부리지 않고 자신의 맡은 일에 책임을 다한 경험이 있나요? 결과는 어땠
나요?

○ 현실과 타협하거나 편법을 사용하지 않고 원칙대로 일을 처리하여 좋은 결과를 이끌어 낸 경
험을 말해 주세요.

면접관의 숨은 의도

● 중요하다고 생각하는 가치와 기준이 올바르며, 직업 또는 조직에 대한 관념이 올바르고 긍정
적인가?

● 타인을 배려하고, 규범을 지키려는 자세가 있는가?

● 실수의 원인을 올바르게 인식하고 해결책을 제시하는가?

● 잘못이나 부정을 감추지 않고 개선/발전의 기회로 삼는가?

● 조직의 가치(인재상)와 부합하는가?

STEP 1 ▶ 다른 사람에게 편법을 제안받았던 경험을 말합니다.

STEP 2 ▶ 그것을 뿌리치고 원칙과 절차대로 진행하기 위해 노력한 과정을 이야기합니다.

STEP 3 ▶ 경험의 결과를 말합니다.

Q 답변 예시

편법의 유혹을 뿌리치고 원칙대로 일을 처리한 경험이 있습니다. 학교 축제 기간에 주점을 운영할 때의 일입니다. 좋은 자리 선점은 매출에 큰 영향을 미치기 때문에 각 과에서는 자리 선점을 위해 주최 측에 로비를 하는 등 경쟁이 매우 치열했습니다. 마침 학교 선배가 주최 측에 있어서 개인적인 친분으로 좋은 자리를 주겠다는 제안을 하였습니다. 솔깃한 제안에 마음이 흔들렸지만, 이러한 편법은 떳떳한 행동이 아니라고 생각하고 거절하였습니다. 이로 인해 좋은 자리에 배정은 받지 못했지만, 오히려 마음이 편했고 더욱 노력해야겠다는 동기부여 요인이 되었습니다. 그 결과, 최고 매출은 아니었지만 목표한 매출 금액을 달성할 수 있었고, 원칙대로 일을 처리하여 스스로 떳떳할 수 있었습니다. 잠깐의 유혹을 뿌리치고 원칙대로 일하는 것의 소중함을 깨달을 수 있었습니다. 떡을 만지다 보면 콩고물이 묻을 수 있다는 말을 경계하고 떡은 떡으로 남기는 원칙을 가지고 일하겠습니다.

Q 전문가의 Tip

회사는 조직을 유지하기 위해 원칙과 절차를 만듭니다. 그러나 상황에 따라 원칙과 절차를 그대로 지키기 힘든 경우도 있습니다. 이때, 편법이나 부정직한 관행에 유혹되지 않고, 올바르고 정직한 행동과 가치를 두고 있는지 확인하는 질문입니다. 그러므로 자신만의 원칙과 윤리기준이 답변의 핵심이 됩니다.

기타 질문

★★★★

100

본인에게 일의 의미는 무엇인지 말해 주세요.

🔍 **유사 질문**

○ 본인에게 직업이란 어떤 의미인가요?

○ 일을 통해 본인이 얻고 싶은 가치는 무엇인가요?

○ 왜 일을 하려고 하나요?

○ 자신의 직업관을 말해 보세요.

면접관의 숨은 의도

● 중요하다고 생각하는 가치와 기준이 올바르며, 직업 또는 조직에 대한 관념이 올바르고 긍정적인가?

● 자신에 대한 분석을 바탕으로 회사에 기여하고자 하는 뚜렷한 비전과 목표를 가지고 있는가?

● 조직의 가치(인재상)와 부합하는가?

STEP 1 ▶ 일의 의미를 짧게 요약하여 제시합니다.

STEP 2 ▶ 그 이유를 말합니다.

STEP 3 ▶ 답변의 의도를 말합니다.

Q 답변 예시

저에게 일의 의미는 두 가지로 말씀드릴 수 있습니다.

첫째는 '돈을 번다'라는 생계의 의미입니다. 현재 부모님과 함께 살고 있지만, 독립적인 삶을 살기 위해 개인적인 측면에서 일은 생계의 의미가 크다고 생각합니다. 둘째는 '목표 달성'이라는 성취의 의미입니다. 일에 대한 도전, 원하는 분야의 전문가가 되는 꿈의 실현, 성장하고 싶은 욕구 등이 바로 그것입니다.

입사한다면 일에 대한 성취와 보상을 얻기 위해 최선을 다하는 신입사원이 되겠습니다.

Q 전문가의 Tip

회사는 일에 대한 책임감을 가지며 조직에 충성하는 지원자를 기대합니다. 해당 질문의 핵심은 지원자의 직업관이 회사에서 지향하는 바와 같음을 답변하는 것입니다. 주의할 점은 일의 의미가 워라밸(Work-life balance)을 위한 정시 퇴근이라던가, 돈을 벌기 위한 수단적 가치만 내세워서는 안 된다는 것입니다.

기타 질문

★ ★ ★

101

당신이 면접관이라면 어떤 질문을 하겠습니까?

 🔍 **유사 질문**

○ 어떤 사람을 선발(채용)해야 된다고 생각합니까?

○ 우리 회사에 적합한 인재의 조건에 대해 말해 보세요.

면접관의 숨은 의도

● 자신의 능력과 적성을 분석하여 자신의 가치를 설명하는가?

● 직무에 대한 차별화된 강점과 필요한 역량을 가지고 있는가?

● 자신에 대한 분석을 바탕으로 회사에 기여하고자 하는 뚜렷한 비전과 목표를 가지고 있는가?

● 입사하고자 하는 태도와 의지가 분명한가?

Q 답변 전략

STEP 1 ▶ 자신을 어필할 수 있는 면접 질문을 제시합니다.

STEP 2 ▶ 질문의 의도를 설명합니다.

STEP 3 ▶ 면접질문에 대한 답변을 짧게 합니다.

Q 답변 예시

제가 면접관이라면,
'당신을 꼭 뽑아야만 하는 이유'에 대해서 질문하겠습니다.
그 이유는 지원자가 회사에 대한 열정과 지원 분야의 역량을 가지고 있는지 확인할 수 있는 질문이기 때문입니다. 제가 만약 이 질문을 받는다면, ○○ 분야의 멀티플레이어 프로그래머라고 말씀드릴 수 있습니다. ○○ 사업에는 프로그래머의 기술적 능력뿐만 아니라 고객과 소통할 수 있는 스킬 능력도 필요합니다. 저는 ○○ 프로젝트에서 이 두 가지를 모두 검증받아 성공적으로 수행한 경험을 가지고 있습니다. 기회를 주신다면 ○○ 사업과 성장하는 멀티플레이어 신입사원이 되겠습니다.

Q 전문가의 Tip

지원자의 차별화된 강점을 가장 잘 어필할 수 있는 질문을 선택하는 것이 중요합니다. 왜냐하면 면접관이 역으로 당신에게 해당 질문을 할 수 있기 때문입니다. 이때 지원 직무의 적합성과 자신만의 차별화된 매력을 어필하는 것이 중요합니다.

나만의 면접질문 만들기

항목	내용
면접질문	
핵심역량	
숨은 의도	
면접답변	

항목	내용
면접질문	
핵심역량	
숨은 의도	
면접답변	

나만의 면접질문 만들기

항목	내용
면접질문	
핵심역량	
숨은 의도	
면접답변	

항목	내용
면접질문	
핵심역량	
숨은 의도	
면접답변	

참고자료

NCS국가직무능력표준, 직업기초능력(www.ncs.go.kr)

저자 약력

김애영

저자는 취업 & 면접 분야 최고의 전문가로 SK텔레콤, LG전자, 대한상공회의소, AXA손해보험, 라이나생명, IBK기업은행에서 인사·채용 담당자로 17년간 근무했다. 경성대 교육학과를 졸업하고, 성균관대 경영학 석사학위를 취득하였으며, 기업과 대학 등에서 취업, 화법, 보고서 등과 관련된 강의를 하고 있다.

또한 현재 사람들의 커리어(career)를 무한대(N)로 돕기 위한 콘텐츠와 서비스를 제공하는 소셜벤처 〈커리어엔〉을 설립하여 활동하고 있으며, K스타트업 소셜벤처 분야 우수상, 특허청 창의적지식분야 선정, 2021년 인재경영 기업교육 명강사, 2022년 뉴스메이커 한국을 이끄는 혁신리더 명강사 부문에 3년 연속 선정된 바 있다.

홈페이지 : www.careerN.co.kr
블로그 : https://blog.naver.com/ae0240
스토어 : https://smartstore.naver.com/careerN

저자와의
합의하에
인지첩부
생략

면접의 정석

2022년 3월 5일 초판 1쇄 인쇄
2022년 3월 10일 초판 1쇄 발행

지은이 김애영
펴낸이 진욱상
펴낸곳 (주)백산출판사
교　정 편집부
본문디자인 구효숙
표지디자인 오정은

등　록 2017년 5월 29일 제406-2017-000058호
주　소 경기도 파주시 회동길 370(백산빌딩 3층)
전　화 02-914-1621(代)
팩　스 031-955-9911
이메일 edit@ibaeksan.kr
홈페이지 www.ibaeksan.kr

ISBN 979-11-6567-453-3 13320
값 26,000원